乡村振兴视阈下的
美丽乡村建设研究

胡东莉 ◎ 著

辽宁大学出版社
Liaoning University Press

图书在版编目（CIP）数据

乡村振兴视阈下的美丽乡村建设研究/胡东莉著
. --沈阳：辽宁大学出版社，2023.1
ISBN 978-7-5698-1081-3

Ⅰ.①乡… Ⅱ.①胡… Ⅲ.①农村－社会主义建设－研究－中国 Ⅳ.①F320.3

中国版本图书馆 CIP 数据核字（2023）第 004857 号

乡村振兴视阈下的美丽乡村建设研究
XIANGCUN ZHENXING SHIYU XIA DE MEILI XIANGCUN JIANSHE YANJIU

出 版 者：辽宁大学出版社有限责任公司
　　　　　　（地址：沈阳市皇姑区崇山中路 66 号　邮政编码：110036）
印 刷 者：沈阳海世达印务有限公司
发 行 者：辽宁大学出版社有限责任公司
幅面尺寸：170mm×240mm
印　　张：12.75
字　　数：200 千字
出版时间：2023 年 1 月第 1 版
印刷时间：2023 年 1 月第 1 次印刷
责任编辑：郭露桐
封面设计：韩　实
责任校对：张　蕊

书　　号：ISBN 978-7-5698-1081-3
定　　价：78.00 元

联系电话：024-86864613
邮购热线：024-86830665
网　　址：http://press.lnu.edu.cn

前　言

我国自古以来就是一个农业大国，农村人口占全国总人口的绝大多数，可以说农业安则国家安，农村稳则全国稳，农民兴则国家兴。根据管理学中的木桶理论，我国要想基本实现社会主义现代化，最终建成社会主义现代化强国，必须清楚农村是最需要补齐的短板。农村发展是我国经济社会发展面临的最大问题，也是保持我国经济社会全面、协调、可持续发展和实现科学发展的重中之重。当前我国全面建设小康社会的重点和难点仍然在农村，农村的发展与治理仍然具有紧迫性和复杂性。

重农固本是安民之基。21世纪以来，党和国家将农村发展问题提到历史的高度，放在我国经济社会发展的首要位置，极大地激发了专家学者们的研究热情，同时有关我国农村发展与治理的研究引起了社会各界的广泛关注。

乡村振兴战略是新时代做好"三农"工作的总抓手。习近平总书记多次强调，实施乡村振兴战略是解决新时代我国社会主要矛盾、实现"两个一百年"奋斗目标和中华民族伟大复兴中国梦的必然要求，具有重大现实意义和深远历史意义，要把实施乡村振兴战略摆在优先位置，实现乡村产业振兴、文化振兴、生态振兴，推动农业全面升级、农村全面进步、农民全面发展。

本书在内容和形式上均有较大的突破和创新，系统地研究了我国的乡村建设以及乡村振兴战略，并在乡村振兴战略的视阈下，以新目光看待乡村建设问题。此外，本书在撰写过程中参考了大量的文献资料，在此向所有参考文献的作者表示感谢。另外，由于时间仓促且笔者水平有限，书中难免有不足之处，恳请读者批评指正。

目　录

第一章
乡村振兴战略
基本概述

第一节　乡村振兴战略的意义

乡村振兴战略是党中央在我国农村发展理论的基础上提出来的具有划时代意义的科学理论，它的提出是对马克思恩格斯农村发展理念的深度分析，符合我国现阶段的发展现状，把农村工作推向了高潮。

一、马克思主义与我国实际相结合的新成果

十九大是中国共产党发展史上一次具有重要战略意义的会议，它把实施乡村振兴战略确定为党和政府此后工作的重点，并针对乡村振兴提出了具体的工作要求。

我国是一个典型的农业大国，农业发展是国家发展的基础，所以，乡村振兴对我国建设社会主义现代化强国和实现中华民族伟大复兴的中国梦具有重大的指导意义。

十九大将习近平新时代中国特色社会主义思想纳入党章，将其与马克思列宁主义、毛泽东思想、邓小平理论、"三个代表"重要思想、科学发展观共同确立为党的指导思想和行动指南。乡村振兴战略是新时期马克思主义与我国实际相结合的最新理论成果，是对中国特色社会主义理论体系的又一伟大理论贡献，是我国今后较长时间内党的政治行动纲领和我国人民的行动方针。乡村振兴战略是全党深入分析马克思主义并结合我国发展实际提出来的，这一乡村发展新思想是全党智慧的结晶。

在新的历史时期，随着我国社会生产力水平的不断提高，人们不仅对物质文化生活提出了更高的要求，还对民主、法治、生活环境等提出了更高的要求。所以，在深入把握马克思主义的理论体系和精神实质，深刻理解马克思主义的科学真理性和强大生命力，总结中国乡村发展实践经验并进行理论创新的基础上，党中央提出了乡村振兴战略，它是马克思主义中国化的新成果。

"三农"问题并不是单纯的农业、农村、农民问题。它不仅是我国现代化的基本问题，还关系到我国的工业化、城市化、共同富裕、可持续发

展，以及以人为本等一系列社会发展中的重大问题。在新的历史时期，随着社会生产力水平显著提高，社会主要矛盾逐渐发生变化，这无疑对党和政府的工作提出了新的要求，同时也要求党不断进行理论创新。乡村振兴战略正是党基于这样一种时代背景，在马克思主义理论指导下，总结提炼我国乡村发展实践经验、有效响应社会主要矛盾转换的理论创新成果，是马克思主义中国化的新实践。

二、习近平新时代中国特色社会主义思想的重要组成部分

党的十八大以来，习近平总书记针对乡村发展提出了一系列新思想。例如，乡村振兴战略是 2017 年党针对我国"三农"工作面临的问题及当时的发展形势提出的重要政策，它部署了今后一段时间里我国农村的发展工作。

党的十九大提出了习近平新时代中国特色社会主义思想，而乡村振兴战略是马克思主义中国化的最新成果，是我国实现民族伟大复兴的行动指南。

过去几年，乡村振兴战略为我国农村工作的开展提供了科学的理论依据，体现了党对于发展乡村问题的思考，从十九大报告中可以看出国家对乡村发展的重视。我国把"三农"工作确定为国家发展的重点，深入分析乡村发展中存在的问题，同时结合许多地区乡村发展的实践经验形成了关于乡村发展的新理念和新观点，而乡村振兴战略是党的乡村发展理论的最新成果，是习近平新时代中国特色社会主义思想的重要组成部分，是我国特色乡村发展道路上的新举措。

实施乡村振兴战略要全面贯彻习近平新时代中国特色社会主义思想，重视"三农"工作，牢固树立新的发展理念，更好地推进乡村现代化建设，走中国特色社会主义乡村发展道路。

习近平总书记深刻地分析了未来我国的发展形势。他认为，即使我国实现了现代化目标，仍有 4 亿到 5 亿农民的生活需要改善，要保证全国人民沿着共同富裕道路前进，就不能让农村凋敝、农民贫困、农业衰败，这是乡村振兴战略提出的初衷。

今天重提乡村振兴是对乡村地位和作用的肯定，乡村振兴是我们全面建设社会主义现代化国家、实现中国梦伟大征程的重要组成部分。在中国

特色社会主义新时代，人民日益增长的美好生活需要同不平衡不充分的发展之间的矛盾成为社会的主要矛盾。这种主要矛盾也体现在新时代的城乡关系中，呈现出城乡融合的新需求、新走势。党中央审时度势，在十九大报告中适时提出了乡村振兴战略，具有巨大的现实意义。

三、有利于缓解城乡关系

城乡关系是中华人民共和国成立以来经济社会发展中最基本的关系之一，要处理好新时代城乡关系，实现工农、城乡的平等发展，确保广大农民群众的获得感和幸福感。共同富裕是社会主义的本质特征，多渠道全方位增加农民收入，缩小城乡居民收入差距，实现共同富裕，是全社会形成的共识。乡村振兴就是新时代城乡关系的重塑和结构调整重组，是促使乡村获得重生的战略措施。

改革开放以来，我国城镇化发展和城乡建设取得了举世瞩目的成就，但是城乡之间、区域之间以及城市内部之间的一些不平衡不充分问题依然客观存在。城乡二元结构体制是我国经济和社会发展中存在的一个严重障碍，主要表现为城乡户籍壁垒，而城乡资源分配、要素配置等不公平是全国范围内存在的问题。在乡村振兴战略背景下，城乡融合发展被视为解决"三农"问题、推进乡村改革实践，以及构建新时代城乡发展关系的必然路径。只有通过城乡融合发展，才能实现工农互促、城乡互补和全面融合，形成互动良好和共同繁荣的新型城乡关系；只有通过城乡融合发展，才能打破制约农业农村现代化的瓶颈，开拓农业农村现代化的发展空间，创造农业农村现代化的新格局。

实施乡村振兴战略不是要把乡村都变成城镇，也不是要把农民都变成市民，而是要不断提升农业现代化水平，改善农村的生产活动面貌，提升农民的收入水平和生活水平。没有农村的现代化，就没有城镇化。无论城镇化发展到什么程度，农村人口还会是我国人口的大多数。所以，建立健全城乡融合发展体制机制和政策体系是对新时代工农、城乡关系的深刻认识，是对我国国情、农情和现代化建设规律的准确把握，为进一步推进"三农"工作提供了方向。

乡村振兴是要将乡村当作一个整体来对待，充分发挥乡村的主动性，改变过去乡村追着城市发展和作为城市附属品的状况，建立一种全新的城乡关系。农民是乡村振兴战略的主体和受益者,所以我们必须要调动亿万农民群众的积极性、主动性、创造性。只有进一步建立健全城乡融合发展的体制机制和政策体系,加快推进农业农村现代化,才能使农村的活力被真正地激发出来。

四、有利于开创"三农"工作新局面

"立政之本则存乎农。"我国是一个农业人口占大多数、经济发展不平衡的国家。"三农"一直是影响我国革命、建设和改革的根本问题,但它不是中国特有的,而是国际社会中一种普遍存在的问题。"三农"对于国家全局的稳定起着定海神针的作用,是国家发展的关键性问题。改革开放以来,我国始终重视农村发展,党的十九大针对乡村发展态势提出了乡村振兴战略。在进入发展的新时代后,我国对"三农"工作提出了新的要求,希望农村发展以实现"农业强、农村美、农民富"为新目标。

为了实现乡村振兴,我国必须要抓好"三农"工作。"三农"问题关系到国家的发展,为了能从根本上解决我国目前农业不发达、农村不兴旺、农民不富裕的问题,党中央对我国农村建设进行了深刻的分析,吸取了之前新农村建设过程中的经验与教训,提出了乡村振兴战略,对乡村发展工作进行了部署,对乡村发展提出了新的举措。

乡村振兴战略主要就是以党的领导来促进我国乡村的发展,通过发展乡村产业、吸引人才、推进乡村文化振兴等方式,实现农业发展、农村变样、农民受惠。实施乡村振兴战略有利于解决好我国的"三农"问题,因为乡村振兴战略的工作部署突出了"三农"工作的重点,补齐了乡村发展的短板、增强了乡村的弱项,发挥出了农民的主体作用,加快了农业农村现代化步伐,切实解决了农民生活的问题,让农民对以后的发展充满了信心、对未来的生活充满了期望。我们要充分贯彻"绿水青山就是金山银山"的重要理念,将乡村建设成"看得见山、望得见水、记得住乡愁、留得住人"的美丽乡村。

我们始终坚信,通过乡村振兴战略的实施,农村的产业会越来越丰富,农民的收入渠道会越来越宽阔,经济会越来越兴旺,农民的获得感和幸福感会越来越强烈,祖国也会越来越繁荣。

五、有利于化解社会主要矛盾

实施乡村振兴战略是解决新时代我国社会主要矛盾的迫切需要。农业强不强、农村美不美、农民富不富，决定亿万农民的获得感和幸福感，决定全面小康社会的质量。如果没有农民群众的脱贫致富，我们也就无法实现国家现代化和伟大复兴的中国梦。

实施乡村振兴战略是新时代化解我国社会主要矛盾的要求。进入新时代，我国社会的主要矛盾是人民日益增长的美好生活需要和不平衡不充分的发展之间的矛盾。改革开放以来，我国城乡面貌得到较大改善，但城乡之间的矛盾依然突出。为了扭转城乡发展中存在的不平衡不充分局面，党中央提出实施乡村振兴战略，这也是实现我国现代化目标的关键所在。

当前，我国社会发展虽然取得了一些成就，但同时还存在着一些问题，主要表现为城乡发展之间不平衡、不充分。改革开放以来，我国将主要精力都用于发展城市，所以农村大部分资源都向城市转移，而且是单向转移，也就是利用农村的资源来率先发展城市、推动城市进步，这就使得农村出现了"失血"和"贫血"的现象。所以，要解决我国当前面临的主要矛盾，就要努力缩小城乡发展的差距，而其中最主要的就是要做好乡村发展工作。当然，这并不意味着不发展城市，而是要做好城乡之间资源的融合，做到城乡协调发展。

在新时代社会主要矛盾转化的背景下，一方面，在满足人民日益增长的美好生活需要的过程中，实施乡村振兴战略的主体更要把握好人民的需求，在制度供给上更加注重以民需为导向，使乡村振兴政策与民众需求匹配，进而化解城乡二元发展的结构性矛盾；另一方面，在解决城乡发展不均衡不充分问题的过程中，更应该注重问题导向，及时解决民众最迫切、最关心的亟待解决的现实问题，并加强对民众诉求的回应力度，进而增进民众对政府的信任度和满意度，使基层政权得到巩固。

党中央在社会主要矛盾转化的背景下提出了乡村振兴战略，通过国家政策来引导乡村发展，为乡村治理指明了方向，对乡村更好更快发展具有促进作用，对于缓解、解决我国社会主要矛盾有巨大的意义。

六、有利于传承优秀乡村文化

乡风文明是乡村振兴战略的重要组成部分。经过数千年发展形成的中华优秀传统文化是振兴乡村的精神动力。新时代的乡风文明建设可以从优秀的传统文化中提取治理的经验。优秀的传统文化中蕴含着丰富的哲学思想和道德理念，为治国理政和道德建设提供了有益启示。

文化是一个国家和民族的灵魂，优秀的传统文化是我国劳动人民几千年生产生活智慧的结晶，而这些经验智慧可以为拓宽乡风文明培育路径提供智力支持。例如，乡贤文化是中华传统文化的组成部分之一，是数千年乡村基层治理工作实践的经验积累。自古乡贤就是德高望重、学识过人、技能精湛之人，对乡镇居民有着引领、示范等作用。新时代的乡风文明培育正需要新时代的乡贤群体在乡村发挥力量，以自身之德形塑群众，以自身之技传授群众，以自身之学教育群众，从而提升乡镇居民的道德水平、文化素质、业务技能。乡村传统文化为新时代乡风文明建设提供了经验与参照。乡村振兴战略也必然在继承和弘扬传统文化的基础上实现，为优秀乡村文化的传承发展提供契机。

利用优秀传统文化中的民俗趣味为培育新乡风增添乡土韵味，可以让乡愁有处回归。中华传统文化中包含着形式多样的民俗文化与民间艺术，如传统节日、民间风俗、民歌民调、传说故事、剪纸刺绣等。其中，传统节日与民间风俗对一定区域内生活的群众起着重要的约束规范作用。民间艺术源于传统民间生活，通俗易懂，是群众喜闻乐见的艺术形式。在新时代的乡风文明培育中，这些民俗文化更容易让乡镇居民接受。在传承与弘扬中华民族传统文化过程中，民俗文化既能丰富乡镇居民的文化生活，陶冶乡镇居民的文化情操，又能凸显一定乡村区域乡风文明的特色，增添乡土韵味。因此，新时代乡风文明建设要体现民族与地域特色，要根植于优秀传统文化，抓住民俗文化的独特性，为当代乡村留住乡愁。

乡村振兴既是一场攻坚战，又是一场持久战。总而言之，乡村振兴战略是我国实现社会主义现代化的一项重要战略，是全面建成小康社会的必然选择。在党中央的领导下，全方位多角度地学习贯彻落实乡村振兴战略，必然会建成更多极具我国地区特色的美丽乡村，促使中华民族伟大复兴目标迅速实现。

第二节　乡村振兴战略实施导向

科学理解推进乡村振兴的重大战略导向对于更好地实施乡村振兴战略具有重要意义。所以，我国各级党委和政府应积极学习党的十九大报告和2017年中央农村工作会议、2018年中央一号文件精神，明确推进乡村振兴应坚持高质量发展、农业农村优先发展、城乡融合发展等重大战略导向。围绕为什么要坚持、怎样坚持这三大战略导向问题，学者们分别进行了分析研究活动，并探讨了相关延伸性问题。

乡村振兴战略已经成为新时代做好"三农"工作的总抓手，也是协调工农、城乡关系的行动指南。自党的十九大以来，关于乡村振兴战略实施实践的研究文章很多，且多为解读性或表态性文章，但近几年，相关文章的研究性色彩迅速增加，如韩俊（2018年）、张晓山（2018年）、魏后凯（2018年）、叶兴庆（2018年）、张天佐（2018年）、姜长云（2018年）等发表的文章。有些研究开始关注推进乡村振兴的战略导向，如张合成（2017年）所进行的研究。但就总体而言，相关研究仍亟待加强。我们认为，推进乡村振兴的重大战略导向主要包括三个方面，即坚持高质量发展、坚持农业农村优先发展、坚持城乡融合发展。

一、坚持高质量发展

习近平总书记在党的十九大报告中提出，"我国经济已由高速增长阶段转向高质量发展阶段"，"必须坚持质量第一、效益优先，以供给侧结构性改革为主线，推动经济发展质量变革、效率变革、动力变革提高全要素生产率。"2017年中央经济工作会议提出，"推动高质量发展是当前和今后一个时期确定发展思路、制定经济政策、实施宏观调控的根本要求。"实施乡村振兴战略是建设现代化经济体系的六项主要任务之一，虽然实施乡村振兴战略涉及的范围实际上超出了经济工作，但推动乡村振兴高质量发展应该是实施乡村振兴战略的基本要求和重大导向之一。仔细品读党的十九大报告中关于习近平新时代中国特色社会主义思想和基本方略的内容不难发现，这实际上也是指导中国特色社会主义高质量发展的思想。在实施乡村振兴战略的过程中，坚持高质量发展的战略导向，需要弄清楚什么是乡村振兴的高质量发展，怎样实现乡村振兴的高质量发展。

第一，乡村振兴的高质量发展体现为顺应社会主要矛盾的变化，突出抓重点、补短板、强弱项的要求。随着中国特色社会主义进入新时代，我国社会主要矛盾逐渐转化为人民日益增长的美好生活需要和不平衡不充分发展之间的矛盾。乡村振兴战略实施质量如何，首先要看其对解决社会主要矛盾有多大实质性的贡献，对于缓解工农城乡发展不平衡和"三农"发展不充分的问题有多大实际作用。比如，随着城乡居民收入和消费水平的提高，社会需求结构加快升级，呈现个性化、多样化、优质化、绿色化迅速推进的趋势①。这要求农业和农村产业发展顺应需求结构升级的趋势，增强供给以适应需求，甚至创造需求、引导需求。此外，对于农村产业发展，要在继续重视"生产功能"的同时，更加重视其生活功能和生态功能，将产业发展的相关资源环境和社会影响同科教、文化、休闲娱乐、环境景观甚至体验功能结合起来。尤其是随着"90后""00后"，甚至"10"后逐步成为社会的主流消费群体，产业发展的生活、生态功能更加需要引起重视。以农业为例，我们要求农业在"卖产品"的同时，更加重视"卖风景""卖温情""卖文化""卖体验"，增加对人才、人口的吸引力。近年来，电子商务的发展日益引起重视，一个重要原因就是它有很好的链接和匹配功能，能够改善居民的消费体验，增强消费的便捷性和供求之间的互联性。体验、便利、互联正在成为社会消费需求结构升级和消费扩张的重要动力，尤其为边角化、长尾性、小众化市场增进供求衔接和实现规模经济提供了新的路径。

第二，乡村振兴的高质量发展体现为贯彻新发展理念，突出以推进供给侧结构性改革为主线的要求。推进供给侧结构性改革的核心要义是按照创新、协调、绿色、开放、共享的新发展理念，提高供给体系的质量、效率和竞争力，即增加有效供给，减少无效供给，增强供给体系对需求体系和需求结构变化的动态适应和反应能力。当然，这里的有效供给包括公共产品和公共服务的有效供给。这里的提高供给体系质量、效率和竞争力

---

① 如表现在产品和服务的需求结构上，服务消费和专用化、便捷化、特色化、精致化、体验化、安全化、品牌化消费日益成为消费需求的新增长点，对农产品、食品的消费日益追求营养、美味、健康甚至新鲜度等。

首先表现为提升农业和农村产业发展的质量、效率和竞争力，其次还表现在政治建设、文化建设、社会建设和生态文明建设等方方面面，体现为这些方面的协同性、关联性和整体性。解决好"三农"问题之所以始终是全党工作的重中之重，归根到底是因为它是一个具有竞争弱势特征的复合概念，需要市场在资源配置中所起的决定性作用，同时需要政府发挥作用解决市场失灵问题。实施乡村振兴战略旨在解决好"三农"问题，重塑新型工农、城乡关系。因此，要科学区分"三农"问题形成、演变中的市场失灵和政府失灵，以推进供给侧结构性改革为主线，完善体制机制和政策环境；支持农民发挥主体作用、提升农村人力资本质量，调动一切积极因素；有效激发工商资本、科技人才、社会力量参与乡村振兴的积极性。通过完善农村发展要素结构、组织结构、布局结构的升级机制，更好地提升乡村振兴的质量、效率和竞争力。

第三，乡村振兴的高质量发展体现为协调处理实施乡村振兴战略与推进新型城镇化战略的关系。在党的十九大报告和《中国共产党章程》中，乡村振兴战略、科教兴国战略与可持续发展战略等被列入了要坚定实施的七大战略中，但新型城镇化战略未被列入其中。然而，这并不等于说推进新型城镇化战略不是一个重要的战略问题。之所以这样，笔者认为主要有以下两方面的原因：一是城镇化是个自然历史过程。虽然推进新型城镇化也需要提高城镇化发展质量，也需要因势利导、趋利避害，是解决"三农"问题的重要途径；但城镇化更是我国发展必然要经历的经济社会发展过程，是现代化的必由之路。所以，我们必须使城镇化成为一个顺势而为、水到渠成的发展过程。很显然，新型城镇化与七大战略有明显不同，其更需要被摆在经济社会发展的突出位置，甚至优先位置，更需要大力支持，否则容易出现比较大的问题，甚至走向反面[①]。二是实施乡村振兴战略是贯穿到 21 世纪中叶全面建设社会主义现代化国家过程中的重大历史任务。虽然推进新型城镇化是我国经济社会发展中的一个重要战略问题，但到 2030—2035 年城镇化率达到 75% 左右后，我国城镇化将逐步进入饱和阶段，届时城镇化率提高的步伐将明显放缓，城镇化过程中的人口流动将由以乡—城单向流动为主转变为乡—城流动、城—城流动并存，甚至城—

---

① 张涛，赵磊.城乡发展一体化：解决"三农"问题的根本路径 [J].农村经济,2017(10)：24-29.

乡流动 ① 的人口规模也会明显增大。届时，城镇化的战略和政策将会面临重大阶段性转型。我国之所以要实施乡村振兴战略，是因为从国内外的经验和教训来看，如果不实施乡村振兴战略，顺其自然地发展，很容易出现乡村衰败情况。我国之所以要实施可持续发展战略，是因为经济社会发展中不可持续的问题日趋严重，顺其自然地发展很容易导致经济社会发展不可持续，同时逆城镇化趋势也将会明显增强。

第四，乡村振兴的高质量发展体现为科学处理实施乡村振兴战略与推进农业农村政策转型的关系，坚持农业农村优先发展，加快推进农业农村现代化。乡村振兴的高质量发展最终体现为统筹增进广大农民的获得感、幸福感、安全感，增强农民参与乡村振兴的能力。2021 年 2 月 21 日，《中共中央 国务院关于全面推进乡村振兴加快农业农村现代化的意见》，即 2021 年中央一号文件发布。这是 21 世纪以来第 18 个指导"三农"工作的中央一号文件。文件指出，到 2025 年：农业农村现代化取得重要进展，农业基础设施现代化迈上新台阶，农村生活设施便利化初步实现，城乡基本公共服务均等化水平明显提高；农业基础更加稳固，粮食和重要农产品供应保障更加有力，农业生产结构和区域布局明显优化，农业质量效益和竞争力明显提升，现代乡村产业体系基本形成，有条件的地区率先基本实现农业现代化；脱贫攻坚成果巩固拓展，城乡居民收入差距持续缩小；农村生产生活方式绿色转型取得积极进展，化肥农药使用量持续减少，农村生态环境得到明显改善；乡村建设行动取得明显成效，乡村面貌发生显著变化，乡村发展活力充分激发，乡村文明程度得到新提升，农村发展安全保障更加有力，农民获得感、幸福感、安全感明显增强。党的十九大报告突出强调"坚持以人民为中心"，高度重视"让改革发展成果更多更公平惠及全体人民"，认为在推进工业化、信息化、城镇化和农业现代化的过程中，农民利益最容易受到侵犯，最容易成为增进获得感、幸福感、安全感的薄弱环节。注意增进广大农民的获得感、幸福感、安全感，正是实施乡村振兴战略的重要价值所在。当然，也要看到在实施乡村振兴战略的过程中，农民主体作用的发挥往往受观念、能力和社会资本等局限。因此，调动一切积极因素，鼓励社会力量和工商资本带动农民参与乡村振兴，增

---

① 乡—城流动，即从乡村到城市的人口流动；城—城流动，即不同层次、不同类型城镇之间的人口流动；城—乡流动，即从城市到乡村的人口流动。

强农民在乡村振兴的过程中参与乡村振兴的能力，对于提升乡村振兴质量至关重要。

二、坚持农业农村优先发展

在十九大报告中，首次提出要坚持农业农村优先发展。因为工农、城乡发展不平衡和"三农"发展不充分的问题是当前我国发展不平衡不充分最突出的表现。此外，原因还在于"三农"发展对促进社会稳定和谐、调节收入分配、优化城乡关系、增强经济社会活力和提升就业吸纳能力及抗风险能力等，可以发挥特殊重要的作用，具有较强的公共品属性；在发展市场经济条件下，"三农"发展在很大程度上呈现竞争弱势特征，容易存在市场失灵问题，因此我国需要在发挥市场对资源配置决定性作用的同时，通过更好地发挥政府作用，优先支持农业农村发展，解决好市场失灵问题。鉴于"农业农村农民问题是关系国计民生的根本性问题，必须始终把解决好'三农'问题作为全党工作重中之重"，按照增强系统性、整体性、协同性的要求和突出抓重点、补短板、强弱项的方向，坚持农业农村优先发展应该是实施乡村振兴战略的必然要求。

学习习近平总书记关于"坚持推动构建人类命运共同体"的思想，也有利于我们更好地理解坚持农业农村优先发展的重要性和紧迫性。在当今世界大发展、大变革、大调整的背景下，面对世界多极化、经济全球化、社会信息化、文化多样化深入发展的形势，"各国日益相互依存、命运与共，越来越成为你中有我、我中有你的命运共同体"[①]，相对于全球，国内发展、城乡之间更是命运共同体，更需要"保证全体人民在共建共享发展中有更多获得感"。面对国内"三农"发展、城乡发展严重失衡的状况，我们在用命运共同体思想指导"三农"工作和进行现代化经济体系建设的同时，更应坚持农业农村优先发展，借此有效防范因城乡之间、工农之间差距过大而导致社会断裂，增进社会稳定和谐。

2021年中央一号文件强调："十四五"时期是乘势而上开启全面建设社会主义现代化国家新征程、向第二个百年奋斗目标进军的第一个五年。民族要复兴，乡村必振兴。全面建设社会主义现代化国家，实现中华民族

---

① 杨洁篪.伟大的创新 丰硕的成果：十年来我国外交工作的回顾与展望[J].求是,2012(20):20-22.

伟大复兴，最艰巨最繁重的任务依然在农村，最广泛最深厚的基础依然在农村。解决好发展不平衡不充分问题的重点难点在"三农"，迫切需要补齐农业农村短板弱项，推动城乡协调发展；构建新发展格局的潜力后劲在"三农"，迫切需要扩大农村需求，畅通城乡经济循环；应对国内外各种风险挑战的基础支撑在"三农"，迫切需要稳住农业基本盘，守好"三农"基础。党中央认为，新发展阶段"三农"工作依然极为重要，所以我们须臾不可放松，务必抓紧抓实。我们要坚持把解决好"三农"问题当作全党工作的重中之重，把全面推进乡村振兴确定为实现中华民族伟大复兴的一项重大任务，举全党全社会之力加快农业农村现代化，让广大农民过上更加美好的生活。习近平总书记在 2017 年中央农村工作会议上的讲话进一步要求，"各级党委和政府要坚持工业农业一起抓、坚持城市农村一起抓，并把农业农村优先发展的要求落到实处"，这为我们提供了坚持农业农村优先发展的路线图和"定盘星"。那么，在实践中应如何坚持农业农村优先发展？我们认为，可借鉴国外尤其是发达国家支持中小企业的思路，同等优先地加强对农业农村发展的支持。具体地说，要注意以下几点。

（一）以完善产权制度和要素市场化配置为重点，优先加快推进农业农村市场化改革

《国务院关于在市场体系建设中建立公平竞争审查制度的意见》（国发〔2016〕34 号）提出，"公平竞争是市场经济的基本原则，是市场机制高效运行的重要基础"，"统一开放、竞争有序的市场体系是使市场在资源配置中起决定性作用的基础"，要"确立竞争政策基础性地位"。为此，我国要通过强化公平竞争的理念和社会氛围，以及切实有效的反垄断措施，完善维护公平竞争的市场秩序，促进市场机制有效运转；要注意科学处理竞争政策和产业政策的关系，积极促进产业政策由选择性向功能性转型，并将产业政策的主要作用框定在市场失灵领域[①]。同时，坚持农业农村优先发展也应注意这一点。

为此，我们要通过强化竞争政策的基础地位，积极营造有利于"三农"发展，并提升其活力、竞争力的市场环境，引导各类经营主体和服务主体

---

① 曲青山，林兆木，杨凤城，等．高举新时代改革开放旗帜 把改革开放事业继续推向前进：庆祝改革开放 40 周年笔谈 [J]．党建，2018(12):9-15.

在参与乡村振兴的过程中公平竞争、建功立业，成为富有活力和竞争力的乡村振兴参与者，甚至乡村振兴的"领头雁"。我们要以完善产权制度和要素市场化配置为重点，加快推进农业农村领域的市场化改革，发挥典型示范作用，根本改变农业农村发展中部分领域改革严重滞后于需求，或改革自身亟待转型升级的问题，如在依法保护集体土地所有权和农户承包权的前提下如何平等保护土地经营权问题。目前，对平等保护土地经营权重视不够，加大了新型农业经营主体的发展困难和风险，也影响了其对乡村振兴带动能力的提升，这方面的改革亟待提速。近年来，部分地区推动"资源变资本、资金变股金、农民变股东"的改革创新，初步取得了积极效果。但随着"三变"改革的推进，如何加强相关产权和要素流转平台建设，完善其运行机制，促进其转型升级，亟待后续改革加力跟进。

（二）加快创新相关法律法规和监管规则，优先支持优化农业农村发展环境

通过完善法律法规和监管规则，清除不适应形势变化、影响乡村振兴的制度和环境障碍，可以降低"三农"发展的成本和风险，也有利于促进农业强、农民富、农村美。例如，近年来虽然农村宅基地制度改革试点得以积极推进，但实际惠及面仍然有限，严重影响了农村土地资源的优化配置，导致大量宅基地闲置浪费，也加大了农村发展新产业、新业态、新模式和建设美丽乡村的困难，制约了农民增收。2021年中央一号文件已经为推进农村宅基地制度改革"开了题"，明确"完善农民闲置宅基地和闲置农房政策，探索宅基地所有权、资格权、使用权'三权分置'"。应该说，这方面的政策创新较之前前进了一大步。但农村宅基地制度改革严重滞后于现实需求，导致宅基地流转限制过多、宅基地财产价值难以显性化、农民房屋财产权难以有效保障、宅基地闲置浪费严重等问题日趋凸显，加大了农村新产业、新业态、新模式发展的用地困难[①]。所以，类似改革仍待进一步扩围提速或延伸推进。

2021年中央一号文件提出："加强党对乡村人才工作的领导，将乡村人才振兴纳入党委人才工作总体部署，健全适合乡村特点的人才培养机制，强化人才服务乡村激励约束。"2018年3月7日，在两会期间参加广

---

① 刘守英.乡村经济活动的变化与制度改革[J].农村工作通讯,2017(15):50.

东代表团审议时，习近平总书记强调"要让精英人才到乡村的舞台上大施拳脚"，"城镇化、逆城镇化两个方面都要致力推动"。但现行农村宅基地制度和农房产权制度改革滞后，不仅给盘活闲置宅基地和农房增加了困难，还影响了农民财产性收入的增长，更重要的是加大了城市人口、人才"下乡"，甚至农村人才"跨社区"居住，特别是定居的困难，不利于填补乡村振兴的"人才缺口"，也不利于农业农村产业更好地对接城乡消费结构升级带来的需求扩张。因此，我国应在部分城郊地区或发达的农村地区，甚至山清水秀、交通便捷、文化旅游资源丰厚的普通乡村地区，适度扩大农村宅基地制度改革试点范围，鼓励试点地区加快探索和创新宅基地"三权分置"办法，尤其是要适度扩大农村宅基地、农房使用权流转范围，有条件地进一步向热心参与乡村振兴的非本农村集体经济组织成员开放农村宅基地或农房流转、租赁市场。这对于吸引城市或异地人才、带动城市或异地资源／要素参与乡村振兴，具有重要性和紧迫性。其意义远远超过增加农民财产性收入，并且已经不是"看清看不清"或"尚待深入研究"的问题，而是应该积极稳健地"鼓励大胆探索"的事情。我国应允许这些地区在保护农民基本居住权和"不得违规违法买卖宅基地，严格实行土地用途管制，严格禁止下乡利用农村宅基地建设别墅大院和私人会馆"①的基础上，通过推进宅基地使用权资本化等方式，引导农民有偿转让富余的宅基地和农民房屋使用权，允许城乡居民（包括"下乡"居住或参与乡村振兴的城市居民）有偿获得农民转让的富余或闲置宅基地。

近年来，许多新产业、新业态、新模式迅速发展，这对于加快农村生产方式、生活方式转变的积极作用迅速凸显，但相关政策和监管规则创新不足，成为妨碍其进一步发展的重要障碍。部分地区对新兴产业发展支持力度过大、过猛，也给农业农村产业发展带来了新的不公平竞争和可持续发展问题。此外，部分新兴产业"先下手为强""赢者通吃"带来的新垄断问题加剧了收入分配和发展机会的不均衡，因此要注意完善针对这些新兴产业的监管规则，创新和优化对新经济垄断现象的治理方式，防止农民在参与新兴产业发展的过程中成为"分享利益的边缘人，以及分担成本、风险的核心层"。

---

① 刘守英.农业战略需要重大转变[J].农村工作通讯,2016(16):40-41.

此外，坚持农业农村优先发展，要以支持融资、培训、营销平台和技术、信息服务等环境建设，鼓励包容发展、创新能力成长和组织结构优化等为重点，将优化"三农"发展的公共服务和政策环境放在突出地位。相对而言，由于乡村人口和经济密度低、基础设施条件差；加之多数农村企业整合资源、集成要素和垄断市场的能力弱，面向"三农"发展的服务体系建设往往难以避开交易成本高的问题。因此，坚持农业农村优先发展应把加强和优化面向"三农"的服务体系建设放在突出地位，包括优化提升政府主导的公共服务体系，加强对市场化或非营利性服务组织的支持，完善相关体制机制。

坚持农业农村优先发展还应注意以下两个方面：一是强化政府对"三农"发展的兜底作用，并将其作为加强社会安全网建设的重要内容。近年来，国家推动农业农村基础设施建设、持续改善农村人居环境、加强农村社会保障体系建设、加快建立多层次农业保险体系等，都有这方面的作用。二是瞄准推进农业农村产业供给侧结构性改革的重点领域和关键环节，加大引导支持力度。例如，积极推进质量兴农、绿色兴农，加强粮食生产功能区、重要农产品生产保护区、特色农产品优势区、现代农业产业园、农村产业融合发展示范园、农业科技园区、电商产业园、返乡创业园、特色小镇或田园综合体等农业农村发展的载体建设，更好地发挥其对实施乡村振兴战略的辐射带动作用。

三、坚持城乡融合发展

从党的十六大首次提出"统筹城乡经济社会发展"，到十七届三中全会提出"把加快形成城乡经济社会发展一体化新格局作为根本要求"，再到党的十九大报告首次提出"建立健全城乡融合发展体制机制和政策体系"，这种重大政策导向的演变反映了党对加快形成新型工农城乡关系的认识逐步深化，也顺应了新时代工农、城乡关系演变的新特征、新趋势，而这与坚持农业农村优先发展的战略导向也是一脉相承、互补共促的。党的十九大报告将"建立健全城乡融合发展体制机制和政策体系"置于"加快推进农业农村现代化"之前，说明建立健全城乡融合发展体制机制和政策体系同坚持农业农村优先发展一样，也是加快推进农业农村现代化的重要手段。

近年来，随着工农、城乡之间相互联系、相互影响、相互作用的增强，城乡之间的人口、资源和要素流动日趋频繁，产业之间的融合渗透和资源、要素、产权之间的交叉重组关系日益显著，城乡之间日益呈现"你中有我，我中有你"的发展格局。很多问题表现在"三农"，根子在城市；或者表现在城市，根子在"三农"。这些问题采取"头痛医头、脚痛医脚"的办法越来越难以解决，越来越需要创新路径，需通过"头痛医脚"的办法寻求治本之道。因此，建立健全城乡融合发展的体制机制和政策体系，走城乡融合发展之路，越来越成为实施乡村振兴战略的当务之急和战略需要。我国应按照推进新型工业化、信息化、城镇化、农业现代化同步发展的要求，加快形成以工促农、以城带乡、工农互惠、城乡共荣、分工协作、融合互补的新型工农、城乡关系。那么，如何坚持城乡融合发展道路，建立健全城乡融合发展的体制机制和政策体系呢？

（一）注意同以城市群为主体构建大中小城市和小城镇协调发展的城镇格局衔接起来

在当前的发展格局下，虽然我国在政策上仍然鼓励"加快培育中小城市和特色小城镇，增强吸纳农业转移人口能力"[①]，但乡村人口进城仍以流向大中城市和特大城市为主，流向县城和小城镇的极其有限。这说明当前我国大城市、特大城市仍然具有较强的集聚经济、规模经济、范围经济效应，且其就业、增收和其他发展机会更为密集。至于小城镇，就总体而言，情况正好与此相反。因此，在今后相当长的时期内，顺应市场机制的自发作用，优质资源、优质要素和发展机会向大城市、特大城市集中仍是难以根本扭转的趋势。但是也要看到，这种现象的形成加剧了区域、城乡发展失衡问题，给培育城市群功能、优化城市群内部不同城市之间的分工协作和优势互补关系，以及加强跨区域生态环境综合整治等增加了困难。这样既不利于疏通城市人才、资本和要素下乡的渠道，又不利于发挥城镇化对乡村振兴的辐射带动作用。

上述现象的形成同当前的政府政策导向和资源配置过度向大城市、特大城市倾斜也有很大关系，由此带动全国城镇体系结构重心上移。这突

---

① 参见 2016 年中央一号文件，即《中共中央 国务院关于落实发展新理念加快农业现代化实现全面小康目标的若干意见》。

出表现在两个方面：一是在重大产业项目、信息化和交通路网等重大基础设施、产权和要素交易市场等重大平台方面的布局，在公共服务体系建设投资分配、获取承办重大会展和体育赛事等机会方面，大城市、特大城市往往具有中小城市无法比拟的优势。二是许多省、自治区、直辖市（以下简称"省"）强调省会城市经济首位度不够是其发展面临的突出问题，致力于打造省会城市经济圈，努力通过政策和财政金融等资源配置的倾斜提高省会城市的经济首位度。这容易强化大城市、特大城市的极化效应，弱化其扩散效应，影响其对"三农"发展辐射带动能力的提升，制约以工促农、以城带乡工作的推进。此外，许多大城市、特大城市的发展片面追求"摊大饼式扩张"，制约了其集约型、紧凑式发展和创新能力的提升[1]，容易"稀释"其对周边地区和"三农"发展的辐射带动作用，甚至会挤压周边中小城市和小城镇的发展空间，制约周边中小城市、小城镇对"三农"发展辐射带动能力的成长。

随着农村人口转移进城规模的扩大，乡—城之间通过劳动力就业流动带动人口流动和家庭迁移的格局正在加快形成。在此背景下，过度强调以大城市、特大城市为重点吸引农村人口转移，也会因大城市、特大城市高昂的房价和生活成本，加剧进城农民工或农村转移人口融入城市、实现市民化的困难，容易增加进城后尚待市民化人口与原有市民的矛盾，影响城市甚至城乡社会的稳定和谐。

因此，我国应按照统筹推进乡村振兴和新型城镇化高质量发展的要求，加大国民收入分配格局的调整力度，深化相关改革和制度创新，在引导大城市、特大城市加快集约型、紧凑式发展步伐，提升城市品质和创新能力的同时，引导这些大城市、特大城市更好地发挥区域中心城市对区域发展和乡村振兴的辐射带动作用。要引导这些大城市、特大城市疏解部分非核心、非必要功能，促使周边卫星城或其他中小城市、小城镇增强功能特色，形成错位发展、分工协作新格局，借此培育特色鲜明、功能互补、融合协调、共生共荣的城市群。这不仅有利于优化城市群内部不同城市之间的分工协作关系，提升城市群系统功能和网络效应，而且有利于推进跨

---

[1]　范恒山.中国区域经济发展呈现八大特点[J].区域经济评论,2017(3):6-8.

区域性基础设施、公共服务能力建设和生态环境综合整治①，为城市人才、资本、组织和资源要素下乡参与乡村振兴提供便利。与此同时，还有利于更好地促进以工哺农、以城带乡和城乡融合互补，增强城市化、城市群对城乡、区域发展和乡村振兴的辐射带动功能，帮助农民增加共商共建共享发展的机会，提高农村共享发展水平。实际上，随着高铁网、航空网和信息网建设的迅速推进，网络经济的去中心化、去层级化特征也会推动城市空间格局由单极化向多极化和网络化演进，凸显发展城市群、城市圈的重要性和紧迫性。

为更好地增强区域中心城市，特别是城市群对乡村振兴的辐射带动力，要通过公共资源配置和社会资源分配的倾斜引导，加强周边的城际交通、信息等基础设施网络和关键节点、连接线建设，引导城市群内部不同城市之间完善竞争合作和协同发展机制，强化分工协作、增强发展特色、加大生态共治，并协同提升公共服务水平。要以完善产权制度和要素市场化配置为重点，以激活主体、激活要素、激活市场为目标导向，推进有利于城乡融合发展的体制机制改革和政策体系创新，着力提升城市和城市群开放发展、包容发展水平和辐射带动能力。要加大公共资源分配向农业农村的倾斜力度，加强对农村基础设施建设的支持。与此同时，还要通过深化制度创新，引导城市基础设施和公共服务能力向农村延伸，加强以中心镇、中心村为节点，城乡衔接的农村基础设施、公共服务网络建设。要通过深化改革和政策创新以及推进"三农"发展的政策转型，鼓励城市企业或涉农龙头企业同农户、农民建立覆盖全程的战略性伙伴关系，完善利益联结机制。

（二）积极发挥国家发展规划对乡村振兴的战略导向作用

党的十九大报告要求"着力构建市场机制有效、微观主体有活力、宏观调控有度的经济体制"，要求"创新和完善宏观调控，发挥国家发展规划的战略导向作用"。2021年中央一号文件要求各地区各部门编制乡村振兴地方规划和专项规划或方案。我国要加强对各级各类规划的统筹管理和系统衔接，通过部署重大工程、重大计划、重大行动，加强对农业农村发展的优先支持，鼓励构建城乡融合发展的体制机制和政策体系。在编制和

① 王利伟. 2030年我国城乡结构的演变趋势及对策建议[J].中国经贸导刊（理论版）,2017(26):71-72.

实施乡村振兴规划的过程中，要结合落实主体功能区战略，贯彻中央关于"强化乡村振兴规划引领"的决策部署，促进城乡国土空间开发格局的统筹，注意发挥规划对统筹城乡生产空间、生活空间、生态空间的引领作用，引导乡村振兴优化空间布局，切实统筹乡村生产空间、生活空间和生态空间。今后大量游离于城市群之外的小城市、小城镇很可能趋于萎缩，其发展机会很可能迅速减少，而优化乡村振兴的空间布局应该注意这一点。

我们要注意突出重点、分类施策，在引导农村人口和产业布局适度集中的同时，将中心村、中心镇、小城镇和粮食生产功能区、重要农产品生产保护区、特色农产品优势区、现代农业产业园、农村产业融合发展示范园、农业科技园区、电商产业园、返乡创业园、特色小镇或田园综合体等作为推进乡村振兴的战略节点。20世纪70年代以来，法国中央政府对乡村地区的关注逐步实现了由乡村全域向发展缓慢地区的转移，通过"乡村行动区"和"乡村更新区"等规划手段干预乡村地区发展；逐步形成了中央政府和地方乡村市镇合力推动乡村地区发展的局面，而乡村市镇主要通过乡村整治规划和土地占用规划等手段推动乡村地区发展。乡村整治规划由地方政府主导，地方代表、专家和居民可共同参与。我国实施乡村振兴战略要坚持乡村全面振兴，但这并不等于说所有乡、所有村都要实现振兴。从法国的经验可见，在推进乡村振兴的过程中，找准重点、瞄准薄弱环节和鼓励不同利益相关者参与都是至关重要的。此外，为建设城乡统一的产权市场、要素市场和公共服务平台，应在规则统一、环境公平的前提下，借鉴政府扶持小微企业发展的思路，通过创新"同等优先"机制，加强对人才和优质资源向农村流动的制度化倾斜支持，缓解市场力量对农村人才和优质资源的"虹吸效应"。

（三）完善农民和农业转移人口参与发展、培训提能机制

推进城乡融合发展关键要通过体制机制创新。一方面，帮助农业转移人口降低市民化的成本和门槛，让农民获得更多且更加公平、更加稳定、更可持续的发展机会和发展权利；另一方面，增强农民参与新型城镇化和乡村振兴的能力，促进农民更好地融入城市或乡村发展。具体就是要以增强农民参与发展能力为导向，完善农民和农业转移人口培训提能支撑体系，为乡村振兴提供更多的新型职业农民和高素质人口，为新型城镇化提供更多的新型市民和新型产业工人；要结合完善利益联结机制，注意发

挥新型经营主体、新型农业服务主体带头人的示范带动作用，促进新型职业农民成长，带动普通农户更好地参与现代农业发展和乡村振兴；要按照需求导向、产业引领、能力本位、实用为重的方向，加强统筹城乡的职业教育和培训体系建设，通过政府采购公共服务等方式，加强对新型职业农民和新型市民培训能力建设的支持；要创新政府支持方式，支持政府主导的普惠式培训与市场主导的特惠式培训分工协作、优势互补，鼓励平台型企业和市场化培训机构在加强新型职业农民和新型市民培训中发挥中坚作用；要支持创新创业，加强人才实训基地建设，健全以城带乡的农村人力资源保障体系。

（四）加强对农村一、二、三产业融合发展的政策支持

为推进城乡融合发展，我国要把培育城乡有机结合、融合互动的产业体系放在突出地位，推进农村一、二、三产业融合发展，发挥城市企业、城市产业对农村企业、农村产业发展的引领带动作用。要加强城市群发展规划，创新财税、金融、产业、区域等支持政策，引导农村产业融合发展，优化空间布局，强化区域分工协作，发挥城市群和区域中心城市对农村产业融合的引领带动作用；要创新农村产业融合支持政策，引导农村产业融合发展，统筹处理服务市民与富裕农民、服务城市与繁荣农村、增强农村发展活力与增加农民收入、推进新型城镇化与建设美丽乡村的关系。同时，鼓励科技人员向科技经纪人和富有创新能力的农村产业融合企业家转型也很重要。另外，还应注意发挥企业在统筹城乡发展、推进城乡产业融合中的骨干作用，努力营造产业融合发展带动城乡融合发展的新格局，同时鼓励商会、行业协会和产业联盟在推进产业融合发展过程中发挥引领带动作用。

第三节　乡村振兴战略实施的总体要求

根据我国新时期乡村振兴的战略部署，到 2020 年我国要全面建成小康社会和分两个阶段实现第二个百年奋斗目标，而在 2018 年至 2022 年间的 5 年时间里，不仅要全面实现小康社会，还要为农业农村现代化的基本实现奠定良好的基础。

一、产业兴旺是实现乡村振兴的物质基础

乡村的产业兴旺为实现农业强、农民富、农村美奠定了坚实的基础，提供了有力的支撑。否则，实现农业强、农民富、农村美就会成为无源之水，无根之木。

产业振兴不仅意味着五谷丰登、六畜兴旺，还意味着产业融合、百业兴旺。不过从乡村振兴战略实施的主要区域和现实情况看，产业兴旺应主要定位于农业，依托农业发展二、三产业，并促进产业之间的深度融合。乡村的产业繁荣体现了乡村多元经济的相互渗透、发展和融合。产业兴旺要以农业发展为基础，因为农业是我国经济赖以生存和发展的基础，其他部门的发展也受到农业发展水平的影响。此外，我国人口多，人均耕地少，饮食问题一直是我国亟待解决的首要问题，而这一形势决定了农业在我国经济发展中的重要地位。目前，我国农业经济发展缓慢，而如果农业经济发展不好，将会影响国民经济其他部门的发展。

改革开放以来，我国各领域都取得了长足的进步，但是从现实来看，我国大多数乡村采取的都是以家庭为基础的农业生产方式，这种生产方式制约着农业现代化的发展。同时农村还存在着其他巨大的问题，如产业结构不合理，一、二、三产业发展不平衡。我国乡村以农业生产为主，根据《中国统计年鉴2017》，2016年第一产业仅占GDP的8.6%，仅占GDP增长的0.3%。虽然农业对我国经济发展的贡献与其他两大产业相比较弱，但农村的重要地位是不容忽视的。我国粮食生产结构与需求结构不一致，因此应调整农业产业结构，加强农产品供给侧改革，调整粮食种植结构。

乡村的"产业兴旺"是乡村实现振兴的基础，也是我国经济全面发展的核心。目前，我国农村经济发展缓慢，资源配置不平衡，农民收入低、生活困难，导致农民离土离乡，出门务工，只留下老、弱、残，而农村中没有了年轻劳动力，使农业发展难有充足后劲。只有发展乡村产业，我国才能从根本上解决农村劳动力流失问题，才能使农村经济真正走上健康发展的道路。我国是一个农业大国，农民超过8亿，所以"三农"问题与国民经济的发展，与人民生活息息相关。产业的转型及升级应以质量、效益、绿色导向为基础，即不仅要提高产量，还要提高质量。我国要大力推进农业产业化，鼓励人们加工生产优质产品，打造龙头品牌。产业兴旺应

以发展农业为主，依靠农业发展其他产业，使产业更加一体化。

二、生态宜居是乡村发展质量的重要保证

要想实现乡村振兴，生态宜居是关键。乡村振兴就是要改变农村以前的依靠过度消耗农业资源的发展方式。生态宜居中的生态指的是要保护生态环境，坚持绿色导向、生态导向。习近平总书记 2013 年在海南考察时就曾指出："良好生态环境是最公平的公共产品，是最普惠的民生福祉。"这句话主要阐述了民生与生态环境的关系，诠释了民生的重要内涵。良好的生态环境有利于改善人民的生活水平和质量，有利于提升人民群众的幸福感和安全感。宜居不仅指的是住房要好，还指居住环境良好，而无论是发达地区还是贫困偏远地区，都要给老百姓一个干净的居住环境。

生态宜居的内涵包括村容整洁和村内各项基础设施完善，要以保护自然、顺应自然、敬畏自然的正确生态文明理念来纠正人们用人工生态代替自然生态等错误观念。我们应主张保护乡村特色、保存乡村历史文脉面貌、保护生态平衡、治理乡村污染，实现人与自然和谐相处，使人们的生活环境更加舒适。

乡村实现"生态宜居"是生态建设的重中之重，是全民族的追求和梦想。良好的生态环境是宜居的前提，只有在良好的生态环境中生活，人们的生活质量才能提高。当前，一些疾病与社会问题都是由不良的生态环境引起的。因此，我们应该重视生态环境的保护。我国农村有着优越的自然条件和地理优势，可以营造城市所没有的优越的生活环境，促使人民实现安居乐业的追求和梦想。

三、乡风文明是乡村振兴的精神支撑

乡风主要指乡村的社会风气与风俗，是人们普遍遵守和认同的一种生活习惯和生活方式，在本质上是一种地方文化。我国几千年的传统文化基因决定了当今乡风的内核，同时政府推行的意识形态、整个社会的风气、外来文化的影响以及人们的现代利益观念等又促使当下乡风在传承传统过程中有着多种形态的变异。

乡风文明是乡村振兴的重要内容，是加强农村文化建设的重要举措。习近平总书记强调："文化是一个国家、一个民族的灵魂。"高度的文化自

信和文化自觉是一种底气，而如果少了这种底气，我们就不可能实现中华民族的伟大复兴。文化是一个复杂的概念，具有时代性、继承性和地域性等特点，人类的经济社会发展活动都会留下当时社会文化的痕迹。促进乡村文化更加繁荣兴盛、推进乡风文明新发展，正是实施乡村振兴战略的"铸魂"之举。乡风文明的进步和发展在很大程度上决定了乡村文明的振兴，影响了农民的精气神，对建设繁荣、民主、文明、和谐、美丽的新农村也发挥了重要的作用。因此，要实现乡村的发展和振兴，必须要把推进乡风文明建设作为促进乡村振兴、发展，提升乡村魅力的重要抓手，作为培育乡村风貌、提升乡村价值、增强乡村魅力和乡村力量的关键举措。因此，在实施乡村振兴战略的过程中，应改变过去重经济发展轻文化和生态的生产生活观念，做到"既要护口袋，又要护脑袋"。在农村文化建设中，还应注意两大误区：一是把过多的现代化元素引入农村，二是把过多的城市元素引入农村。此外，还应注重农村生态文化的继承与创新，同时避免乡村的风土民情走样或歪曲。

乡风文明的培育主要是引导农民在道德规范、素质修养、知识水平、思想观念方面，以及在人和人、人和社会、人和自然关系上继承和发扬民族优秀的传统文化，剔除传统文化中不合理的因素，让农村适应社会的发展，不断创新，从而形成一种健康、积极的社会风气。解决农民群众思想方面的问题是乡村振兴战略中最主要、最基础的问题。因此，乡风文明是乡村振兴的核心和灵魂，抓住乡风文明建设，就抓住了乡村振兴的关键。

四、治理有效是乡村振兴的重要保障

农村要成为农民群众安居乐业的美好家园，离不开科学有效的治理。治理有效就是要加强农村的社会治理，加强农村的基层民主和法治建设，营造良好的社会氛围，惩治违法行为，促进自治、法治、德治相结合。"三治结合"是我国新时期在乡村治理模式下的又一创新，也是有效治理乡村的新措施。乡村治理是国家治理的基础，其中"三治"中的自治是乡村治理的前提。民主选举、民主决策、民主管理、民主监督等农村自治制度为农村治理提供了基本条件，明确了乡村治理的具体形式和载体。法治为调节社会利益关系提供了基本准则，是有效治理乡村的重要保障。德治是乡村治理的必要途径，也是乡村治理的关键所在。构建"三治结合"的乡村治理新观念，既要符合国家制度，又要符合我国的基本国情、国策和我国乡村的传统道德。"三治结合"对于我国乡村社会发展有重要意义。

要通过建立自治、法治、德治相结合的新乡村治理体系，实现有效的乡村治理，就要做到两点：一是坚持中国共产党的领导，充分发挥社会组织作用，利用国家的有利条件来规范社会，把社会自我治理产生的分散分类性加以整合；二是探寻村民自治，党员干部要让村民参与到村里重大事项的决策中，全民共同努力，谋求共同发展，努力创造良好的社会秩序，共同奔向美好生活。

五、生活富裕是乡村振兴的价值追求

乡村振兴的目标是实现人民生活富裕，这也是国家必须实施乡村振兴战略不可动摇的原因。要实现乡村"生活富裕"，就必须要以村民为中心，以建设美丽的农村为价值追求，让村民过上安定美好的生活，让人民感到幸福。实施乡村振兴战略时，应努力增强农民的获得感、安全感和幸福感，使改革发展成果越来越公平地惠及全体农民。如果没有实现农民富裕，那么乡村振兴战略就会成为空谈。

"民生三感"即获得感、幸福感、安全感，是建立在物质与精神生活得到相应满足的基础之上的。它的提出是对新时代社会主要矛盾转化的呼应，因为它是在满足人民群众对富裕物质生活追求的同时，顺应人民对美好生活的向往、注重精神层面诉求的真切回应，是新时代民生目标的升华。人民的获得感、幸福感、安全感既来自个人需求与诉求的满足程度，以及实现这种满足程度的制度建构，又来自人民自主建设、共同参与、共同享受的责任感、成就感。人民如果有共建社会的积极性并能够发挥其主观能动性，便能够培育自尊自信、积极向上的社会心态，从而有利于社会融合与社会团结。基于此整个社会治理就有了坚实的基础，从而不断增强人民的获得感、幸福感与安全感，更好地推进社会改革和进步。

当今世界经济复苏乏力，我国国内经济下行压力增大，这些因素都制约着我国经济的增长。解决农村发展中的问题，提高农民的生活水平，是实现全民富裕的关键。因此，我们要以"抓重点、补短板、强弱项"为要求，以"坚守底线、突出重点、完善制度、引导预期"为指导，以"农民最关注最忧虑的利益问题"为基础，努力提高人民生活水平，为人民打造一个安居乐业的新农村。习近平总书记认为，我们要把实现人民生活富裕作为我们长期的奋斗目标，要在不断发展中补齐短板，才能促进社会协调发展，实现共同富裕。

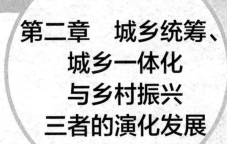

第二章　城乡统筹、
城乡一体化
与乡村振兴
三者的演化发展

第一节　我国城乡二元体制的生成与演化

1956 年完成三大改造后，国家建立起了城乡二元户籍制度和分配制度，将农业剩余劳动力固定在农村人民公社体制内，通过工农产品剪刀差的方式促使农业农村部门为工业部门提供长期积累，致使大量的农村劳动力不能享有市民待遇。改革开放后，我国农村剩余劳动力以"农民工"的身份为我国低成本的工业化做出了巨大贡献，但大量的农民工却不能和城市市民享有同等的待遇。这使城乡二元结构体制下的劳动力市场既是非竞争性的，同时农民的国民待遇又是歧视性的、不公平的。所以消除不公平的城乡二元户籍制度和城乡二元结构体制以释放改革红利，提高城乡发展一体化程度以释放经济增长潜力，既是当前全面深化改革的重要任务，也是应对经济增长速度换挡的重要途径。

一、城乡二元结构的形成和固化（1949 年 10 月—1978 年 12 月）

所谓"城乡二元结构"是指一个国家的内部，城市中的富裕社会（R社会）与农村中的贫穷社会（P 社会）同时并存。从中华人民共和国成立至党的十一届三中全会召开是城乡二元结构的形成和固化时期。这一时期国家通过计划经济体制建立起的统购统销制度、户籍管理制度及人民公社制度三位一体的制度框架使城乡分割的二元结构逐渐形成、拓展和强化。

1953—1985 年的统购统销制度形成了工农产品剪刀差。中华人民共和国成立后，随着经济建设步伐的加快以及城镇和工矿区人口的迅速增加，全社会对农产品的需求迅速增加。但当时分散的小农经济使农民增加生产和提高商品率的能力有限，加上农民有惜售心理，农产品购销形势严峻，进一步加剧了粮食供求矛盾，而商品粮食购少销多直接导致了 1952—1953年的粮食紧张。因此，国家决定改变光靠市场收购农产品的办法，通过对农产品的指令性定价和指令性征购计划，在农村向余粮户实行计划收购——统购，对城市居民和农村缺粮户实行粮食计划供应——统销。我国从 1951 年 1 月起对棉纱实行统购，紧接着从 1953 年 11 月起对粮食、植物油料实行统购,从 1954 年 9 月起对棉布、棉花实行统购。与此同时,国家对工业产品全国统一定价,对城镇和工矿区人口实行定量配给的新供应办法,按照户籍针对城镇居民推行粮油供应、公费医疗和养老保险以及就业等制度。国家通过行政命令切断了农民跟市场的联系,强制性规定农民低价出售农产品、高价购买工业品,这种"工农业产品价格剪刀差"扭曲的产品价格体系使整个计划经济时期农业农村部门为工业发展做出了巨大牺牲,打击了农民生产积极性,严重限制了价值规律在农业生产中的作用和农村商品经济的活力,抑制了农村和城镇居民生活水平提高的速度。

从 1958 年起,户籍管理制度的形成固化了城乡居民身份差异。中华人民共和国成立初期,国家的经济发展状况呈现出典型的二元经济结构特征,"现代性手工业占比非常小"[①],因此国家实施了重工业优先发展战略。此外,在计划经济体制条件下,只有依靠限制人口城乡流动的城乡分割的二元户籍制度才能保障农产品统购统销制度的有效实施;只有实行二元户籍制度才能达到控制人口流动、保证物资供应的目的。为了阻止农村人口向城市"盲目流动"的苗头以及缓解城市粮棉油供应的压力,1953 年 4 月17 日,政务院发出《关于劝阻农民盲目流入城市的指示》,规定未经劳动部门许可或介绍者,不得擅自去农村招收工人。1954 年 3 月,内务部与劳动部又发出《关于继续贯彻劝止农民人口盲目流入城市的指示》,重申对农民向城市流动与迁徙的限制。

1955 年 11 月,国务院颁发了《关于城乡划分标准的规定》,明确了"农业人口"和"非农业人口"作为人口统计的标准,我国的户籍人口由此分为"农业人口"与"非农业人口"两种。此后,国务院相继发出了《关于防止农村人口盲目外流的指示》《关于防止农村人口盲目外流的补充指示》《关于防止农民盲目流入城市的通知》,一再强调不得从农村私自招工。1958 年 1 月 9 日,全国人民代表大会常务委员会通过了《中华人民共和国户口登记条例》,其中第十条规定:"公民由农村迁往城市,必须持有城市劳动部门的录用证明,学校的录取证明,或者城市户口登记机关的准予迁入的证明,向常驻地户口登记机关申请办理迁出手续。"第十五条规

---

① 毛泽东.目前形势和党在一九四九年的任务 [M].北京:人民出版社,1996:5.

定："公民在常住地市、县范围以外的城市暂住三日以上的，由暂住地的户主或者本人在三日以内向户口登记机关申报暂住登记，离开前申报注销；暂住在旅店的，由旅店设置旅客登记簿随时登记。"[1] 至此，该条例以法律形式把限制农民迁往城市的制度固定了下来，并对城乡居民的流动与迁徙进行了严格限制，标志着城乡分割的二元户籍制度正式确立。这一条例和与其相关的法律、法规、条例、政策结合起来，共同构建起了我国独特的户籍制度体系，成为我国城乡二元体制和城乡二元社会结构的重要制度基石[2]。城乡二元户籍管理制度是城乡二元体制的核心制度安排，城乡居民在就业、入伍、上学、选举、赔偿等多个方面设置了等级森严的制度屏障。

1958—1984 年，人民公社制度从所有制变更和组织管理方面进一步强化了城乡二元社会结构。1958 年，中共中央在北戴河召开政治局扩大会议，通过了《中共中央关于在农村建立人民公社问题的决议》，全国迅速形成了人民公社化运动的热潮，仅用了一个多月的时间就基本上实现了人民公社化。《人民公社六十条》的颁布固化了农村居民对土地的人身依附关系，而且通过人民公社化运动，国家从生活到生产、从思想到行动等全面强化了对农村和农民的组织控制。

在 20 世纪六七十年代的工业化进程中，我国城乡二元体制进一步拓展和强化，导致城乡在基础设施、户籍制度、社会保障、工农产品交换价格等方面的差距呈现出巨大鸿沟。具体而言：在基础设施建设方面，城市有公共财政投入，而农村主要依靠集体经济组织和农民自己投入；在工农产品交换方面，在国家优先发展重工业的战略背景下，工农业产品价值的不等价交换导致了工农产品交换价格"剪刀差"；在社会保障方面，城市的单位制为市民提供了较为完整的社会福利待遇，而农村除占比极少的五保户供养、合作医疗由集体经济组织负担费用外，社会保障几乎为零。城乡之间的关系表现为非竞争市场的关系，妨碍了劳动力等要素在全国范围内的自由流动，导致农业劳动生产率提高缓慢、农业比较劳动生产率持续下降，农村公共产品供给和公共服务提供严重滞后，农民收入长期难以

---

[1]　国务院发展研究中心农村部课题组,叶兴庆,徐小青.从城乡二元到城乡一体：我国城乡二元体制的突出矛盾与未来走向 [J].管理世界,2014(9):1-12.

[2]　熊光清.中国户籍制度改革与城乡一体化建设 [J].党政研究,2016(6):27-33.

提高。

二、城乡二元体制的松动和改善（1980年1月—2002年11月）

党的十一届三中全会至党的十六大期间，我国破除城乡二元结构工作取得明显进展，城乡二元体制很大程度上得到松动和改善。改革开放后建立的乡镇政权结束了长达二十多年的人民公社体制，同时随着农产品购销市场化改革的推进，工农产品交换关系逐步从"剪刀差"向平等交换转型，户籍制度开始松动，农村剩余劳动力得以自由流动，极大地解放了农村的生产力，并为城乡经济发展带来了活力。但这一时期城乡二元体制矛盾依然突出：（1）城乡土地权利与市场存在明显的分割，不利于保护农民土地财产权利和促进农村集体存量经营性建设用地效率提高，导致城乡间发展权不平等、流转权不平等及物权保护不平等；（2）城乡之间和城市内部劳动力市场"双重二元结构"依然明显，不利于农民工权益保障和劳动力再配置效应充分释放，导致进城农民工与城镇户籍职工之间存在巨大的制度性差异，实际表现为就业机会不平等、社会保障不平等及合同保障不平等；（3）城乡之间金融制度安排存在明显差异，不利于农民获得普惠的金融服务，具体表现为城乡抵押权利不平等、城乡资金价格不平等及城乡金融服务不平等；（四）城乡之间公共资源配置失衡，不利于农民获得均等化的基本公共服务[①]。

三、城乡二元体制进入全面破除阶段（2002年12月至今）

党的十六大首次提出"统筹城乡经济社会发展，建设现代农业，发展农村经济，增加农民收入，是全面建设小康社会的重大任务"，这标志着党和国家开始从全局的角度正视城乡二元结构、系统破除城乡二元体制。党的十六届三中全会通过的决议明确要求"建立有利于逐步改变城乡二元经济结构的体制"。党的十六届五中全会强调坚持"多予少取放活"的方针，加大各级政府对农业和农村的投入力度，扩大公共财政覆盖农村的范围，强化政府对农村的公共服务，建立以工促农、以城带乡的长效机制。十七大提出建立以工促农、以城带乡的长效机制，形成城乡经济社会发展

---

① 国务院发展研究中心农村部课题组，叶兴庆，徐小青.从城乡二元到城乡一体：我国城乡二元体制的突出矛盾与未来走向[J].管理世界，2014(9):1-12.

一体化新格局。十七届三中全会进一步提出了"五个统筹"的发展要求，强调尽快在城乡规划、产业布局、基础设施建设、公共服务一体化等方面取得突破，促进公共资源在城乡之间均衡配置、生产要素在城乡之间自由流动，推动城乡经济社会发展融合。党的十八大报告强调，"城乡发展一体化是解决'三农'问题的根本途径"，"加快完善城乡发展一体化体制机制，着力在城乡规划、基础设施、公共服务等方面推进一体化，促进城乡要素平等交换和公共资源均衡配置，形成以工促农、以城带乡、工农互惠、城乡一体的新型工农、城乡关系"。通过加大户籍制度改革力度、促进农民工市民化、基本公共服务向农村覆盖、深化农村金融改革、开展征地制度改革试点等，城乡二元体制开始进入全面破除阶段。

党的十九大报告首次提出"乡村振兴战略"，并将"乡村振兴战略"列为决胜全面建成小康社会需要坚定实施的七大战略之一，同时还提出按照产业兴旺、生态宜居、乡风文明、治理有效、生活富裕的总要求，建立健全城乡融合发展体制机制和政策体系。城乡融合与过去的城乡统筹和城乡一体化有质的区别。乡村振兴为我国指明了中国特色的乡村发展道路：到2020年，乡村振兴取得重要进展，制度框架和政策体系基本形成；到2035年，乡村振兴取得决定性进展，农业农村现代化基本实现；到2050年，乡村全面振兴，农业强、农村美、农民富全面实现。

总之，我国城乡关系发展思路经历了从"城乡二元"到"城乡统筹"，再到"城乡一体"，最终到"城乡融合"的根本转变，充分体现了我国城乡关系发展思路的与时俱进。

第二节　城乡发展一体化面临的机遇、挑战与对策

城乡二元结构是制约城乡发展一体化的主要障碍。习近平总书记在党的十八届三中全会上强调："城乡发展不平衡不协调，是我国经济社会发展存在的突出矛盾，是全面建成小康社会、加快推进社会主义现代化必须解决的重大问题。改革开放以来，我国农村面貌发生了翻天覆地的变化。但是，城乡二元结构没有根本改变，城乡发展差距不断拉大趋势没有根本扭

转。根本解决这些问题,必须推进城乡发展一体化。"①十八届五中全会提出,要促进城乡区域协调发展,健全城乡发展一体化体制机制,健全农村基础设施投入的长效机制,推动城镇公共服务向农村延伸,提高社会主义新农村建设水平。早在1983年,苏南地区就开始使用"城乡一体化"的概念,是国人基于改革开放以来城乡差距不断拉大,在阅读马克思主义经典作家关于城乡关系的文献时得到启发而创造出来的。城乡发展一体化是指工业化和城市化发展到一定阶段,在保持城乡发展特色和功能分工的前提下,在打破城乡分割旧格局、建立城乡互动发展新机制的基础上,从经济、政治、社会、文化等方面推进城乡协调发展与融合的过程②。城乡发展一体化强调打破城乡间分割、分离、分立的状态,使劳动力、资本、信息、技术等要素在城乡之间双向自由流动,包括城乡建设规划、产业发展、基础设施、公共服务、要素市场、社会管理一体化。

实际当中,城乡发展一体化是舟山群岛新区在"先行先试"战略机遇下实现率先发展的必然要求。随着经济发展进入新常态化,舟山面临着资源要素制约加大、渔农业基础薄弱、渔农村"半城市化"状况长期存在、城乡发展一体化投入任务更加艰巨等瓶颈制约。新形势下以强化城乡一体规划为龙头,以发展新型城镇化为主题,以促进渔农民增收为核心,推进供给侧结构性改革,健全城乡一体保障服务网络体系,是当前舟山推进城乡区域协调发展、构建具有特色的城乡发展一体化先行区的有效途径。

一、舟山市推进城乡发展一体化的重大意义

舟山市位于浙江省舟山群岛,目前处于率先向基本实现现代化迈进的关键时期。推进城乡发展一体化进程,对舟山加快经济社会转型、促进城乡经济社会互动发展,增强区域整体实力,激发渔农村发展的巨大潜力,克服当前经济下行压力具有重大现实意义和深远战略意义③。

---

① 习近平.关于《中共中央关于全面深化改革若干重大问题的决定》的说明 [J].求是,2013(22):19-27.

② 鲁能,白永秀.城乡发展一体化模式研究:一个文献综述 [J].贵州社会科学,2013(7):90-96.

③ 付翠莲,黎文宇.城乡发展一体化面临的机遇、瓶颈制约及对策:基于舟山城乡一体化的调查 [J].通化师范学院学报,2017,38(7):34-40.

（一）城乡发展一体化是舟山转变发展方式的重要途径

当前舟山经济发展形势同全国一样，正面临需求不足、经济下行、通货紧缩等问题。主动适应经济发展新常态，既是全面深化改革的重要任务，又是应对经济增长速度换挡的重要途径。推进舟山城乡发展一体化进程，有利于推动发展转型，使发展方式由规模速度型向质量效益型转化，全面加快城乡互动的新型城市化进程；有利于加速城乡接合部及渔农村服务业发展的步伐，提高城乡接合部及渔农村服务业比重，补齐服务业存在的"短板"，推动形成以服务经济发展为主的产业结构。这就需要破除城乡二元体制以释放改革红利，提高城乡发展一体化程度以释放经济增长潜力，进一步优化城乡空间布局，抓抢先机补短板，提质增效树标杆，引导资源要素向渔农村集聚，加快基础设施和公共服务向渔农村延伸，不断提升渔农村在舟山新一轮发展中的地位，形成城乡共同推动经济社会发展转型的良好格局。

（二）城乡发展一体化是舟山着力改善民生的迫切需要

党的十八大以来，关注民生、重视民生、保障民生、改善民生和促进社会和谐发展成为新时期指导经济社会发展的重要方针。我国推动城乡发展一体化，从法律、制度、政策上努力营造公平正义的环境，从收入分配、劳动就业、社会保障、公共服务等方面采取措施，着力解决广大农村居民最关心、最直接、最现实的利益问题，使农民安居乐业、生活富足，使广大农村安定有序、充满活力。推进舟山城乡发展一体化进程，有利于从根本上解决长期以来城镇化发展模式粗放带来的诸多矛盾和问题，使城市基础设施向渔农村延伸、公共服务向渔农村覆盖、现代文明向渔农村传播，同时可以化解城市内部新的二元矛盾，构建和谐共生的城乡关系。推动舟山城乡发展一体化进程，大力实施民本民生工程，促进发展要素向渔农村聚集，有利于提高中心城市的带动力、增强区域发展的协同性，让广大群众在统筹城乡发展中真正受益得实惠，共享改革发展成果，实现城乡社会共同发展、全面进步，使全体人民共享现代文明成果。

（三）城乡发展一体化是新区实现率先发展的必然要求

加快推进城乡发展一体化是党的十八大提出的战略任务，是落实"四个全面"战略布局的必然要求，也是新区实现率先发展的基本方向。舟山群岛新区建设的要素很多在渔农村，为确保各种要素在城乡之间的流动，就需要推进城乡发展一体化，破除城乡二元结构。在新区背景下，加快推进城乡一体化进程符合实践新区建设"先行先试"的要求，有利于提升海岛经济社会发展层次，有利于城乡资源优化配置和集约利用，有利于城乡居民共享新区发展"红利"。舟山作为国家级群岛新区，要在长三角地区世界级城市群中着力打造具有海岛特色、城乡一体、山河秀美、生态和谐的群岛型港口宜居城市，就必须在推进城乡要素平等交换和公共资源均衡配置上取得重大突破，给渔农村发展注入新的动力，让广大渔农民平等参与改革发展进程、共同享受改革发展成果。这是舟山的历史使命。当前，新区建设迫切要求将推进新型城镇化和城乡发展一体化摆在更加突出的重要位置上，为推进经济持续健康发展和城乡区域协调发展提供强大引擎，必须进一步加大改革创新的力度，努力实现率先发展。加快城乡发展一体化是舟山适应新形势、增创新优势、实现新跨越的重要举措，必将助力群岛新区建设，并为新常态下走向全省城乡统筹发展的前列，率先形成城乡一体化发展新格局提供有力支撑。

二、当前舟山城乡发展一体化面临的历史机遇

习近平同志在中央政治局第二十二次集体学习时指出，要把工业和农业、城市和乡村作为一个整体统筹谋划，要继续推进新农村建设，使之与新型城镇化协调发展、互惠一体，形成双轮驱动①。"十三五"时期是舟山群岛新区负重奋进、创新突破的重大战略机遇期，其需要抢抓机遇、争创优势，提高城乡发展一体化程度，以释放经济增长潜力，实现跨越式发展。

（一）国家将舟山群岛新区战略定位为管理体制机制创新实践区，为舟山城乡发展一体化指明了方向

2011年国务院批复舟山建设国家级群岛新区，要求新区成为国家海洋战略的示范区，这一定位明确了新区是管理体制机制创新实践区，新区建设要完成全国全省示范引领的使命。《浙江舟山群岛新区发展规划》提出要推进统筹城乡综合配套改革，加快推进城乡发展一体化步伐。当前，国家实施了"一带一路"、长江经济带和建设海洋强国的战略，舟山在保障国家经济安全、先行探索海洋开发保护中的地位更加突出。推进新区的城

---

① 张晓山.习近平"城乡一体化"思想探讨[J].人民论坛，2015(30)：25-27.

乡一体化，既要总结和延续前段工作的有益经验，又要从新区完成全国全省示范引领的使命出发，走出一条具有海岛特色的城乡融合发展道路。

（二）城乡发展一体化需要法治引路，全面推进依法治国，为舟山推进城乡发展一体化提供法律保障

习近平同志强调，凡属重大改革都要于法有据。城乡发展一体化在土地资源、新型城镇化、财政转型、要素流动等众多研究领域都需要突破法律的框架和界限，而诸多难题的"破法改革"尚需全国人大授权。我们需要先修改法律，通过立法转化为顶层设计，以法治引领保障改革，而不是以改革突破法治。此外，法律、政策、财政、税收、金融、管理、渔农村经济等诸多方面的变革都需要依法治国起到法律保障和引领作用。十八届四中全会后，国家层面加快立法进程，实现立法和改革决策相衔接，立法主动适应改革和经济社会发展需要，及时修改、废除与经济社会发展新常态不相适应的规定，为市场在资源配置中起决定性作用、推进城乡发展一体化提供了有力的法律保障。

（三）舟山城乡居民收入差距小、城乡融合发展程度高，为加快城乡发展一体化奠定了坚实基础

舟山经济基础好，城镇化水平较高。近年来舟山开展新渔农村建设，以海洋产业为龙头带动渔农民就业增收，城乡居民收入差距持续缩小，由2010年的1.84∶1缩小到2015年的1.73∶1，收入比位居全省各市并列第二，进一步夯实了城乡一体化的发展基础。此外，舟山城乡融合程度高，群岛新区的成功推进使城乡统筹成为全市共识。随着舟山大开发大建设条件的形成，其急需探索建立征地拆迁和城乡一体化互促共进的良好机制，促进建设成果全民共享。当前，城乡一体化进入了产业融合推动城市化发展的攻坚阶段，按照新区建设"三大定位、五个目标"[1]和"四岛一城"[2]功

---

[1]　浙江舟山群岛新区建设的"三大定位、五个目标"，是指获国务院正式批复的《浙江舟山群岛新区发展规划》中的浙江舟山群岛新区作为浙江海洋经济发展先导区、全国海洋综合开发试验区和长江三角洲地区经济发展重要增长极的三大战略定位，进一步明确建设我国大宗商品储运中转加工交易中心、东部地区重要的海上开放门户、重要的现代海洋产业基地、海洋海岛综合保护开发示范区和陆海统筹发展先行区的五大发展目标。

[2]　"四岛一城"是指按照《浙江舟山群岛新区发展规划》，2020年舟山将基本建成国际物流岛、自由贸易岛、海洋产业岛、国际休闲岛和海上花园城。

能区规划建设目标，舟山需要重新审视城乡资源，加大城乡统筹开发的力度，不断推进渔农村综合配套改革工作，形成城乡一体化的新格局。

三、以增强渔农村内生动力为核心开创舟山城乡发展一体化新格局

舟山群岛新区建设的要素很多在渔农村，为确保各种要素在城乡之间的流动，需要破除城乡二元结构，形成双轮驱动。

（一）立足缩小城乡居民收入差距，促进渔农民增收

1. 推进渔农业的高效化、产业化、组织化

渔农业始终是渔农民增收的基础，所以舟山要大力发展现代渔农业，加快转变农业发展方式，全面提高农业综合效益。要积极发展品牌农业，发展特色精品渔农业，推进渔农业标准化示范建设，扩大标准化技术应用，鼓励支持渔农业经营主体申报绿色、无公害渔农产品认证，提升舟山海岛渔农产品品牌，增强市场竞争力，扩大海岛特色优势渔农产品的品牌知名度和影响力；要完善渔农业经营管理体系，大力培育新型渔农业经营主体，鼓励引导种养专业大户积极向家庭农场转化，积极引导同一区域内生产同类产品或有生产关联的合作社组建联合社，加快构建生产、供销、信用"三位一体"的渔农民合作经济组织体系，全面提升其发展能力，同时稳步发展龙头企业，培育成长型市级农业龙头企业，积极推行"龙头企业＋渔农民专业合作社＋家庭农场"模式。

2. 发展美丽经济，拉升渔农业产业链

舟山需立足渔农业"生产、生活、生态"功能定位，拓展与渔农业相关的三次产业，积极发展渔农业服务产业，采取切实有效的措施，加快促进渔农民持续快速增收。舟山要以渔农村资源环境、海岛田园景观、乡村风情风貌和特色渔农产品等为依托，引导渔农民大力发展生态、休闲、旅游观光产业和渔农家乐休闲旅游业；要将引领时尚消费、创造高端需求作为舟山市推进渔农业供给侧结构性改革的战略重点，以打造国际著名的海岛休闲旅游目的地为目标定位，推动渔农家乐发展从零星分散数量型向规范经营质量型转变，从无序发展向主题独特、优势互补的自成体系布局转变，促使青山绿水转化为金山银山。舟山应积极发展"互联网＋渔农业"，启用金融、信息、物流等第三产业带动农业的功能，达到加固基础产业、

优化产业结构的目的,发展渔农产品电子商务业。此外,还要发展渔农村社区服务业,如:依托新型集聚小区建设,鼓励渔农民开展社会养老服务、家政服务和维修服务等;依托渔农家乐休闲旅游业发展,鼓励渔农民开展导游服务、交通服务、餐饮服务、清洁服务等配套服务。

3.完善就业创业扶贫体系,促进渔农民稳定增收

舟山需健全覆盖城乡的公共就业创业服务体系,提高服务均等化、标准化和专业化水平,有效提升渔农民的就业层次。另外,还要加强低收入渔农户扶贫工作,确保扶贫精准,同时根据经济社会发展水平,逐步提高扶贫保障能力,做到应保尽保、应扶尽扶。舟山要帮助低收入的渔农民创业就业,对于没有自主创业能力的低收入渔农户,重点培养一批具有扶贫功能的新型渔农业经营主体,吸纳他们就业,或引导他们入股合作创业。同时优先为低收入渔农户提供就业机会,帮助低收入渔农户脱贫增收。对于有自主创业能力的低收入渔农户,通过财政、金融等支持,扶持他们自主创业。更重要的是,舟山应加强低收入渔农户家庭劳动力实用技术技能培训,加强对低收入渔农户子女教育的援助,阻止贫困代际传递。

(二)立足城乡要素市场一体化,深化渔农村"三权"改革

构建城乡一体化的要素市场,促进城乡劳动力、土地、资本、技术、信息等生产要素资源顺畅流动,优化组合,高效利用,是统筹城乡发展,实现城乡一体化的关键[①]。舟山需要立足于为新区建设提供要素保障,以增强广大渔农民的获得感为落脚点,坚定不移地深化渔农村确权、赋权、活权"三权"改革,消除渔农民在全市城乡之间流动的政策性阻碍,依法保障渔农民所拥有的财产收益。

1.推进渔农村集体资产股权的"确权 – 赋能 – 活权"

因地制宜推进村(社)的股改工作,加快已股改村的股权发证速度,不断完善股份经济合作社运行管理,全面完成渔农村集体资产股改工作任务,明晰渔农村产权归属,为城乡资源要素优化配置奠定基础,推进渔农民财产性收入快速增长。

---

① 陈文胜,王文强.当前湖南城乡一体化发展研究报告 [J].湖南城市学院学报,2013,34(3):14-21.

2. 开展土地承包经营权新一轮确权登记颁证工作

明确把握法律底线、民意底线和稳定底线，明确主体责任，健全工作机制，注重工作方法，落实工作经费，强化监督检查，稳步推进确权登记颁证工作落实。

3. 创新渔农村宅基地使用管理机制

推进渔农村宅基地使用权、房屋所有权确权登记颁证工作，创新渔农村宅基地使用管理机制。

4. 健全渔农村产权流转交易服务和抵（质）押融资平台

健全渔农村产权流转交易制度体系，促进渔农村产权公开、公正规范流转，推进渔农村产权交易平台实质性运行，将集体资产租赁、转让统一纳入平台进行统一交易，积极引导渔农户将拥有的渔农村股权、土地承包经营权的流转纳入平台进行统一交易。同时还要推进股权质押融资平台实质性运行，扩大信用贷款、政银保合作贷款和农房抵押贷款业务规模，探索土地承包经营权、宅基地使用权和村集体股权抵（质）押贷款。

（三）立足城乡基础设施一体化，加快推进渔农村环境改造提升

为达到既定目标，舟山需做到以下两点：一方面，使城乡基础设施一体化遵循人口资源环境相均衡、经济社会生态效益相统一的原则，强调所有新的基础设施建设项目都应城乡联动，进行"一盘棋"布局；另一方面，要尽可能填平补齐多年累积的渔农村基础设施的欠账，打通城市延伸到乡间的"最后一公里"，让渔农村居民同城市市民一样享受现代化的成果，创造城乡无差别的生产生活条件。另外，舟山还要加快城乡生活基础设施建设，加大对岛际交通、供水供电和社区服务设施的投入力度；加快渔农村管网、饮用水设施更新改造，推进城乡联网集中供水，提高渔农村饮用水安全覆盖率；加快城中村改造。有研究表明，全国其他很多地方通过整村改造、征地拆迁、撤村建居等方式推进城市化进程，但这种做法往往是政府一厢情愿地"替民做主"，多数农民并不认同，他们不愿意改造村庄①。因此，城中村改造应调动各方积极性，在充分尊重群众意愿的基础上，按照政府主导、村级基层组织为改造主体的原则，积极稳妥推进，综合考虑资金平衡、群众意愿和改造目标等各方面因素。舟山需加快推进集

---

① 陈映芳. 征地与郊区农村的城市化：上海市的调查 [M]. 上海：文汇出版社，2003：34.

生产、生活、生态"三生",融乐居、乐业、乐游"三乐"于一体的新型集聚小区建设;按照程序规范、公平公正、就近就便、区域价格平衡原则,制定新型集聚小区公寓房申请置换办法,规范置换集聚方式,明确置换对象、条件、面积、价格、程序等要求,引导渔农户集聚到规划对应的新型集聚小区,鼓励拥有宅基地的渔农户成片整村退出宅基地置换新型集聚小区公寓房,有条件的也可置换城镇保障房或"房票"。通过建设新型集聚小区,大力促进土地资源集约节约利用,舟山即可促进重大公共利益的保护,改善渔农民居住条件。

(四)立足城乡公共服务均等化,加快推进城乡二元体制改革

1.加快推进户籍制度改革

取消有关农业户口、非农业户口的户口性质区分和由此衍生的蓝印户口等户口类型,统一登记为居民户口,体现户籍制度的人口登记管理功能。户籍登记不再标注户口性质,加快解决依附在二元户籍制度上的城乡差别和政策限制,基本消除因农业、非农业等户口性质产生的待遇差距,还原户籍本来的社会管理功能。全面建立以居住地登记户口为基本形式,以合法固定住所或稳定职业为基本落户条件,以法制化、证件化、信息化管理为主要手段,与市场经济体制相适应的新型户籍管理制度。完善居住证制度,建立推行居住证持有人积分管理制度,以居住证为载体,健全完善与居住年限等条件相挂钩的基本公共服务和便利提供机制。

2.完善城乡一体社保体系

遵循新征地农民"即征即保"和新型农村社会养老保障"应保尽保"原则,落实被征地农民基本生活保障资金投入增长机制。不断加大财政投入,促使城乡居民基础养老金有序增长。巩固完善城乡居民基本医疗保险制度,建立筹资标准稳定增长机制。加强制度设计,保障制度衔接转换渠道畅通,以适应渔农民不同身份的社保转换。推进城乡社会福利事业稳步发展,不断完善适度普惠型福利制度。建立健全政府领导、民政牵头、部门配合的社会救助工作协调机制,努力构建分工负责、相互衔接、协调实施、政府救助和社会力量参与相结合的城乡社会救助制度体系。完善城乡低收入群体保障标准增长机制,提高农村优抚、五保对象供养标准,健全渔农村社会救助服务体系。

3. 促使城乡教育资源均衡发展

探索形成以城带乡、城乡一体的区域教育发展新格局。实施城乡基础教育一体化建设工程，推进城乡义务教育学校办学条件、办学经费、教师队伍的均衡配置，加快推进渔农村标准化学校建设，建立健全区域内城乡校长教师交流轮岗机制，推动优质教育资源共享，推动全市义务教育资源配置基本均衡。

4. 推进城乡医疗卫生资源均衡配置

建立健全城乡公共卫生和医疗服务体系，优化配置医疗卫生资源，推进城乡医疗机构纵向合作，鼓励城市优质卫生服务机构帮扶基层医疗机构，健全城市医院与基层医疗卫生机构的对口支援制度和双向交流机制，积极引导城市卫生人才向基层流动。建立稳定的渔农村医疗卫生投入保障机制，确保政府对渔农村医疗卫生投入的主导地位，逐步建立"大院带小院、县院带乡镇、乡镇带村级"的城乡医疗卫生统筹发展新机制，促进城乡医疗卫生事业均衡发展。

（五）立足城乡基层治理一体化，加快完善渔农村社区体制机制

按照职能综合、半径合理、集约高效的原则，抓好社区便民服务站平台建设，有效整合政府公共服务、社会公益服务和群众自我服务资源，强化社区服务功能。逐步推进社区信息化建设，结合"智慧社区"建设、新区社会公共服务与监督平台建设，将政务服务网向社区（村）延伸，为渔农民群众了解涉农政策法规、生产经营信息、生活服务信息以及村级"三务"等情况提供便捷的线上办事咨询窗口。积极推进社区服务管理体制改革，积极推进"一站式"服务机制建设，强化社区便民服务站的服务功能，使其成为接受乡镇（街道）行政性服务管理事项委托、引导社会力量开展社区公益性服务、组织社区居民开展自我服务的社区服务平台。对于非基本公共服务，可以通过政府购买、项目扶持等方式，吸引一些社会组织或者个人参与进来，从供给侧改革的角度实现供给主体和供给方式的多样化。对于商业性的便民利民服务，可以引入市场化机制，鼓励社会资本以多种方式参与，以满足群众日益个性化、多样化的服务需求。通过直接办理、在线受理、委托代办、上门服务等方式，实现政府公共服务在社区的一站式全程办理。

第三节　新时代以城乡融合促进乡村振兴

　　党的十九大报告首次提出乡村振兴战略，并将乡村振兴战略列为决胜全面建成小康社会需要坚定实施的七大战略之一，同时还提出建立健全城乡融合发展体制机制和政策体系。这是党中央在深刻认识我国城乡关系变化特征，总结中外城乡发展经验的基础上，依照城乡统筹、城乡一体化到乡村振兴的清晰脉络，着眼于当前城乡关系发展实际以及未来新型城乡关系发展趋势做出的新的顶层设计和重大战略部署，为新时代"三农"工作指明了清晰的目标和路线图。同时，这也是基于我国当前主要矛盾已经转化为人民日益增长的美好生活需要和不平衡不充分的发展之间的矛盾，而这种不平衡与不充分的发展模式最突出地体现于城乡发展不平衡。当前我国农业仍然是"四化同步"的短腿，必须加快速度补齐。以城乡融合促进乡村振兴战略的实现，就是要按照十九大"加快推进农业农村现代化"的部署，深化农村集体产权制度改革，发展农村的新产业新业态，使广大乡村最终达到"产业兴旺、生态宜居、乡风文明、治理有效、生活富裕"的振兴目标。

　　作为改革开放的前沿阵地，温州的城乡融合状况在全国具有特殊性和典型性。温州的城乡融合要面对相对发达的城市和相对落后的农村，打破城乡二元分割壁垒，逐步实现生产要素的合理流动和优化组合，促使城乡经济社会生活协调发展，缩小城乡之间的基本差距，最终目标是以城乡融合促进乡村振兴。达成这一目标的难点在于消除城乡间的制度性障碍，突破点是深入推进"三权分置"改革、宅基地制度改革等，打通温州城乡要素市场，使土地、资本、劳动力等要素形成对流，建立城乡融合发展体制机制和政策体系，着力促进乡村振兴战略的实现。

一、以城乡融合推进乡村振兴战略的重要意义

　　改革开放以来，我国城镇化发展突飞猛进。进入 21 世纪以来，我国掀起了新一轮更大规模的城镇化浪潮，但城镇化快速推进给我国经济迅猛发展带来活力的同时，不仅没有有效解决城乡二元结构问题，还使城市内

部出现了新的二元结构，给社会发展带来了新的矛盾和挑战。鉴于此，党的十九大提出的城乡融合发展对于推动乡村振兴战略就有了重要意义。

（一）以城乡融合促进乡村振兴是解决农业农村发展不平衡、不充分问题的根本出路

虽然我国城乡差距在近几年有所减小，但是就现阶段来看，我国农业农村发展仍然存在一定的不平衡现象。当前我国农业农村发展不平衡表现在以下几个方面：（1）农村常住人口逐年减少。持续多年的农村人口外流使我国农村大量房屋闲置，家庭空巢率持续上升，传统乡村衰落问题日趋凸显。（2）农民老龄化问题严重。农村青壮年绝大多数都外出打工，许多农村地区支撑农业生产活动的主体全部由 50 岁以上的老年人和妇女组成，将来农村"谁来种地"的问题引人深思。（3）农业副业化现象突出。从全国范围看，近年来除东南沿海及中部一些区位条件好、资源优势突出的局部空间及点位的现代农业发展较快外，西部广大地区更多存在着小规模面积、一家一户的传统农业区大量土地无人无力耕种而大面积抛荒现象，农业更多地变成了老人农业和外出打工人员的兼业农业。（4）农村生态环境严重退化。不少地方的土壤退化、水土流失日益严重，森林、草地退化导致荒漠化加速发展；乡镇企业监管不严，工业固体废物和生活垃圾使农村水污染较为严重；农膜、农药、化肥超量使大量农田土壤结构破坏。总之，当前我国农业农村现代化已成为"四化"同步最大的短板。

追溯当前农业农村发展不平衡不充分的原因：一方面是因为受到了工业化、城镇化快速推进过程中工农及城乡关系演变规律的影响；另一方面是因为城乡二元化格局、工农业产品剪刀差、城乡要素的单向流动和不平等交换机制，使农业和农村长期以来不间断地为城镇化和工业化提供要素支撑，特别是在市场机制作用下，农村要素单向度地向城市流动，导致城乡之间的差距仍在拉大。因此，以城乡融合促进乡村振兴是解决当前城乡差距大，农业农村发展不平衡、不充分问题的根本出路。

十几年来，中央一号文件都聚焦于"三农"。2006 年，国家取消农业税，党的十七大提出了城乡统筹，十八大提出了城乡一体化的发展思路。通过各种强农、惠农、支农、富农政策，加大了城市和工业对农村的反哺和扶持力度，对农村发展、农业增效、农民增收起到了重要的推动作用，所以我国城乡之间的收入差距有所缩小。近年来，部分地区农村的新型农业经营主体呈现出蓬勃发展的良好势头，一些农村经济发展较好的地区加快发展乡村旅游、休闲农业等农村服务业，一些地区开发出农村电子商务、农产品冷链物流业新产业新业态。在推进城乡一体化进程中，全国大部分农村基础设施和公共服务得到明显改善，精准扶贫使落后地区贫困农户增强了脱贫致富能力。这表明新时代下乡村振兴战略在市场机制的作用下已经具备了良好的基础和条件。但由于体制机制的不完善，当前我国乡村仍处于被动地接受城市发展带动和辐射的地位，缺乏从内在激发乡村积极性和主动性的动力。党的十九大首次提出了乡村振兴战略，并提出建立健全城乡融合发展体制机制和政策体系，立足于乡村的产业、生态、文化等资源，强调坚持农业农村优先发展，资源要素配置要继续向"三农"倾斜，通过建立乡村可持续的内生增长机制来激发乡村发展活力。这就从城乡融合视角把城市、乡村视为一个有机整体，把乡村与城市都放在了平等的发展地位，着力于以城乡融合促进和带动乡村振兴，具有重大的战略意义。

（二）以城乡融合促进乡村振兴是克服乡村衰退衰落困局的有力举措

站在人类发展的高度可知，世界各国城市化进程的加快都伴随着农业人口减少、农业在现代社会中比例逐步降低的过程，城市化进程加快伴随乡村凋敝是世界多数国家的普遍现象。但是，现代发达国家经济发展过程显示，乡村凋敝不一定不是现代化、城市化的必然代价。早期西方发达国家的城市化也曾引发大量人口从乡村逃离，导致乡愁成为一个时代的共同情感，但城市化达到一定阶段后，就会相应出现逆城市化趋势，富人下乡、穷人进城成为时代潮流。改革开放以来，随着城镇化步伐的加快，我国传统村庄渐趋衰败，人口流出不流入，乡村环境不太理想。城乡发展中涌现出无法安放的乡愁等心态和能力不平衡下的无奈。

乡村振兴战略是新时代"三农"工作的重心。实质上，"振兴"一词是用历史的眼光看待乡村的地位与作用，说明我国乡村在历史上曾经有过辉煌与成就。我国是一个农业大国，历史上乡村在国家中居于十分重要的地位，乡村的繁华与富庶是我国历史上盛世的典型标志，史书典籍中流传着描写乡村优美田园生活的浪漫诗篇。以城乡融合来促进乡村振兴，就是要寻找工业反哺农业、城市反哺乡村的现实路径。除继续深化农村改革、增强农业农村发展新动能、凝聚乡村重建的社会力量、破解乡村"空心化"的体制性障碍等自身造血功能外，还要注重城乡要素在市场化条件下的自由流动和双向互动关系，建立健全城乡融合发展的体制机制和政策体系，进一步推进城乡在基础设施、公共服务方面的融合，以及城乡在产业、要素和生态保护等方面的融合发展，补短板、强弱项，鼓励更多资金、技术和人才向农村地区流动，最终通过城乡融合推动农业农村现代化。

二、温州城乡融合状况

作为我国民营经济发展的先发地区，温州的城乡融合状况在全国具有特殊性和典型性。温州在改革开放后经济社会迅猛发展，城市化水平不断提高。一方面，由于便利的交通和现代信息化手段的发展，温州各城镇间的联系加强，逐渐出现了以中心城市为核心、具有一定范围的城镇群联动发展态势，城乡融合取得一定成效，在全国具有典型性。但另一方面，温州农村面积大、地域广，农业农村仍是城乡融合的难点、短板和关键所在。

温州市城镇化率高于全省平均水平，居全省第三位，仅次于杭州、宁波。在城乡统筹、城乡一体化推进的过程中，温州农村人口继续向城镇转移。

（一）城乡经济实力稳步增强，城乡收入比相对均衡。温州综合经济实力仅次于杭州市和宁波市，连续多年稳居浙江省第三位。

（二）城乡人居环境逐步改善，城乡社会事业发展迅速。温州近年来采取多项举措，不断改善城区和广大农村地区的人居环境，如在绿化建设方面成效明显，近年来温州相继获得省级园林城市、省级森林城市、省环保模范城市等称号，洞头区和泰顺县创成国家级生态县。与此同时，温州积极开展"三改一拆"工作，对城中村、旧住宅区、旧厂房进行改造，对违法建筑进行拆除，进一步改善人居环境。"五水共治"工程的开展更是拉开了美丽浙南水乡建设的序幕，近年来完成了对温瑞塘河沿岸10个片区污水管网的整治工作，对中心城区垃圾河、黑臭河的治理取得了明显进展，促进了城乡人居环境的改善。温州的城乡教育均衡化工程和农民健康工程也在加快推进，基础教育普及率广泛提高，广大农民群众基本参加了新型农民合作医疗，城乡居民"看病难、看病贵"的问题得到很大缓解，城乡医疗卫生条件也得到极大改善。农村社保工程也在稳步推进，建立健全了城乡低保标准的动态调整机制、动态物价补贴等制度，使低收入家庭的生活有了很大保障。城乡的体育文化基础设施也趋于完善，多县市区完成了"两馆一中心"建设，乡镇文化中心、村（社区）文化活动室，还建成了各类公共体育设施和健身点，满足了城乡居民的基本文化需求。

三、以城乡融合带动乡村振兴的路径选择

党的十九大报告在城乡发展关系上强调城乡融合，是基于"城乡融合"发展更加强调城乡地位平等下的互惠共生关系，更加强调城乡空间上的共融关系，更加强调城乡要素在市场化条件下的自由流动和双向互动关系，比之前的"城乡统筹"发展层次更高，最终目标是"产业兴旺、生态宜居、乡风文明、治理有效、生活富裕"。其中，产业兴旺是乡村振兴的强力支撑，生态宜居是乡村振兴的关键环节，乡风文明是乡村振兴的文化力量，治理有效是乡村振兴的基本保证，生活富裕是乡村振兴的根本目的。这五个方面是相互联系、互相统一的有机整体，系统概括了新时代农业农村发展的总要求，统一于乡村振兴的整个过程中。目前，温州在向城乡融合迈进过程中已经取得一定成效，但仍没打破长期存在的城乡二元结构格局，城乡居民在公共产品和公共服务层面依旧存在着明显的不平等，在社会地位、教育、医疗、社会保障等方面依旧存在着明显的不平等。以城乡融合带动乡村振兴战略实现的当务之急是要打破城乡户籍壁垒，深化城乡二元户籍制度改革，深入推进"三权分置"改革，推动制度改革以消除城乡间制度性障碍，促进城乡要素融合，从城乡两端全面激活资源，进一步释放出制度潜能。

（一）继续深入推进户籍制度改革，消除城乡二元体制障碍

当代我国的户籍制度源于计划经济时期，也是计划经济体制对我国社会格局的最深烙印，现已成为经济社会发展的阻碍，亟待进行改革。针对当前温州城乡社会与经济发展尚不平衡的现状，为消除城乡二元体制的瓶颈性障碍，统筹温州城乡均衡发展，温州地方政府亟须先行先试，进一步加大改革力度。根据国务院 2014 年颁布的《国务院关于进一步推进户籍制度改革的意见》（国发〔2014〕25 号），以及《浙江省人民政府关于进一步推进户籍制度改革的实施意见》（浙政发〔2015〕42 号）等文件精

神，温州于 2016 年正式出台了《温州市人民政府关于进一步推进户籍制度改革的实施意见》（温政发〔2016〕26 号），规定在 2016 年 11 月 30 日前，全市取消农业户口、非农业户口的性质划分以及由此派生的自理口粮户口等各种户口类型，统一登记为"居民户口"，并全面放开温州两市五县落户限制。下一步还需要加快居住证制度全覆盖，推进相关领域配套改革，基本消除待遇差距，还原户籍本来的社会管理功能，提升户籍制度改革效果。

（二）深化农村土地及要素市场改革，促进城乡要素的融合

2011 年底，温州市正式被批准成为全国农村改革试验区，在农村土地制度改革、农村集体产权制度改革等多个重要领域进行了试验探索，为国家出台相关政策文件提供了实践基础。2016 年，习近平总书记主持召开中央全面深化改革小组会议，审定下发《关于完善农村土地所有权承包权经营权分置办法的意见》，强调要完善承包地"三权分置"制度。新时代要继续围绕推动农村土地流转及产权制度改革，赋予农民更多财产权利，尽快完成土地承包经营权新一轮确权登记颁证工作，全面开展农村土地承包经营权抵押贷款工作，保护农户的承包权，强调任何组织和个人都不能非法剥夺或限制农户的土地承包权，同时放活土地经营权，保障农民有稳定的经营预期，从而实现农村土地"三权分置"。通过深化承包地"三权分置"改革、承包地退出改革、宅基地退出改革和集体经营性建设用地入市改革等以土地制度改革为重点的动力机制，让城市为乡村区域带来动力强劲的社会资本，激活农村要素与城市资本下乡间的高效对接。通过土地要素的进一步市场化，推动城乡融合发展。同时，全面深化农村集体资产股份合作制改革，健全农村产权流转交易服务、抵（质）押融资平台和交易品种，推进股权质押融资平台实质性运行，扩大信用贷款、政银保合作贷款和农房抵押贷款业务规模，探索土地承包经营权、宅基地使用权和村集体股权抵（质）押贷款，有效解决农村资金总体短缺、金融抑制的矛盾，盘活农村集体资产，进一步扭转土地、劳动力、资金等基本生产要素持续大规模由乡到城单向流动趋势，促进城乡资源平等公平地自由交换。

（三）加快推进农业农村现代化步伐，探索农业产业化经营模式及新业态

产业是经济社会发展的基础，也是逐步实现农民就地城镇化、就近就业的核心因素，乡村振兴必须依托于产业兴旺，这样乡村发展才能有动力、有载体。要实现农业产业兴旺，当地就要加快提升农业竞争力，不能让农业成为依靠高补贴存活的产业部门。要实现农业农村现代化的目标，当地需要加快乡村产业转型升级，立足乡村资源优势和区位环境等综合因素，以市场需求为导向，围绕"合作社＋企业""公司＋合作社""公司＋农户""互联网＋农业"等农业产业化经营模式及新业态：（1）大力发展大中型农业机械为主的劳动替代型农业技术，以及水肥药节约型的转基因育种农业技术；（2）大力发展与当地资源相一致的特色种养业、农产品加工业、农村服务业及乡村旅游业等；（3）大力发展以村域经济和乡域经济为基础的县域经济，扶持发展"一村一品""一乡一业"、集体经济、土地信托等，加强联合体建设，延长以农产品为主的农业产业链，提高农业附加值，千方百计增加农民收入，真正使农村产业兴旺成为带动乡村振兴的重要引擎。有学者指出："推进乡村振兴过程中要有更好的产业发展基础，要有基于适度规模的新的产业构成和经营方式，要有效培育乡村旅游、康养农业、创意农业、农业电商等新的业态；要打造更优美的乡村空间形态和更高质量的社会公共服务，要创建更优质的生态环境和实现更好的文化传承。"充分利用农村各类资源，从供给侧结构性改革层面推动一、二、三产业融合发展，进一步促进农业转型及乡村产业升级，使农民生活富裕是乡村振兴的关键。农民生活富裕的标志是货币收入增长带来的强大购买力，而其支撑力则是农业劳动生产率的极大提高，即用更少的劳动力生产出更多的产品，归根结底还是需要产业带动，这样才能最终促进乡村振兴。

（四）加强绿色生态环境保护，强化乡村人居环境综合整治

经济发展与环境保护本质上并不冲突，生态宜居是乡村振兴的关键环节。生态宜居指包含环境、村容、设施建设等在内的乡村自然环境和社会环境均宜居。农村生态宜居包括排放减量、景观怡人、密度适宜、交通便捷等要素。其衡量指标应该包括社会文明度、经济富裕度、公共安全度、资源承载度、环境优美度、生活便宜度等。这就要求当地政府保护与合理利用乡村一切自然和技术资源，切实推进一二三产业"三产融合"、生产生活生态"三生同步"、农业文化旅游"三位一体"，使人、自然、环境融为一体，最大限度地发挥和利用本地生产力，充分保护居民的身心健康和环境质量，最大化体现居民的幸福感，把乡村建设成人与自然和谐共处共生的宜居宜业田园综合体。因此，切实改变以牺牲生态环境为代价的短期化增长模式，着力解决经济发展与环境污染中的突出矛盾，切实开展乡村生态环境治理，建立健全环境管理的长效机制，实现发展方式的根本转变，构建绿色生态环境新的发展引擎，是实施乡村振兴战略的关键环节。这就需要在保证农业农村优先发展的基础上，环保部门高频率、不定时开展乡村生态环境监测工作；乡镇企业优化产业结构，发展低污染、少能源消耗的产业，同时针对排污净化设施建立有效的补偿机制；非政府组织发挥保护乡村环境的作用；乡村居民树立环境保护意识，重视生态环境保护。只有政府导向、自主参与和社会合作三位一体共同携手形成合力，推进生产、生活和生态"三生"融合发展，才能使乡村生态文明得到有效保护。从具体举措来看，要加大"五水共治"投入力度，针对温州水污染现状深入推进污水治理，重点整治黑臭河和垃圾河，深入推进大气污染防治，保护生态湿地，从而创建宜居的美丽浙南水乡。

　　党的十九大提出的乡村振兴战略是党基于对当前我国城乡发展进入新阶段的判断做出的重大战略决策，是指导今后"三农"工作的重大方针。乡村振兴战略离不开城镇化发展的助力推动，城镇化进程的加快也必须以乡村振兴为前提条件。基于当前我国城乡发展不平衡、乡村发展不充分的现实，除上述路径外，当地还需遵循乡村自身发展规律，进一步整合和合理优化村庄布局，以县为基本单元，根据产业发展趋势和人口变化趋势，大力推进我国"空心村"、传统民居及老旧院落改造，加快乡村土地综合整治和空间重塑，合理配置村庄的道路、水、电等基础设施及公共服务设施。此外，乡风文明是乡村振兴的重要内容，乡风是维系中华优秀文化基因的重要纽带，是传承中华优秀文化的载体，所以当地政府要强调乡村的教化价值，保留乡土文化的根，构建乡村自治、法治和德治三位一体的乡村治理模式，最终促进乡村振兴战略实现。

第三章
乡村振兴战略的
实践

第一节　乡村产业振兴及其实践案例分析

自改革开放以来，我国乡村产业发展迅猛。进入新时代，我国乡村产业振兴的前景广阔。当前，我国乡村产业振兴的重点任务是保障农产品有效供给、加大生态涵养力度、带动农民就业增收、促进城乡融合发展。

一、乡村产业振兴的发展潜力

我国在乡村产业发展上进行了长期的不懈探索，从计划经济时期崭露头角的社队企业，到20世纪80年代异军突起的乡镇企业，再到20世纪90年代快速发展的农业产业化经营，这些探索和实践在特定历史阶段都发挥了重要的作用，为国民经济和社会的快速发展做出了历史性贡献。与此同时，我国乡村产业发展也不同程度地面临着一系列问题，具体表现虽各有差异，但本质上则是深层次的体制机制矛盾。外部矛盾体现在工农、城乡发展不平衡，资源要素交换不平等，农业农村难以获得平等的发展机会；内部矛盾体现在乡村发展环境有待改善，农村产权制度不完善、经营机制不灵活、资源优势难体现、集聚效应难形成。

近年来，随着城乡一体化进程加快推进，强农惠农政策力度不断加大，农村基础设施和公共服务逐步改善，大众消费需求提档升级，乡村产业发展又焕发了新的生机活力。具体而言，农业的基础性地位得到进一步巩固，粮食产量稳上1.3万亿斤台阶，重要农产品供应充足，农业劳动生产率年均增幅超过10%，各类农村新产业、新业态方兴未艾。此外，农业生产性服务业年产值超过2000亿元。传统产业加快转型升级，新产业、新业态加速培育壮大，大大激发了农业农村经济发展活力，改善了乡村产业发展的内外部环境，为农业农村现代化发展提供了持续、稳定的新动能。

乡村产业有着广阔的发展空间，蕴藏着推动农村经济社会发生深刻变化的巨大潜力。实现中国特色乡村产业振兴，就是要围绕"四化同步"发展要求，立足我国基本国情农情和农村经济比较优势，以保障农产品供给、提高农民生活水平、实现乡村振兴为目标，以全面提高乡村人口承载力、产业竞争力和可持续发展能力为方向，以现代农业产业体系、生产体系、经营体系为支撑，以农村一、二、三产业融合为纽带，强化改革驱动，突出双创引领，大力发展新产业、新业态，构建产业门类合理布局、资源要素有效集聚、创新能力稳步提升、内生动力充分激发、综合效益明显提高的产业体系，形成与城镇产业科学分工、优势互补、结构优化、合作发展，富有中国特色的乡村产业发展新格局。

中国特色乡村产业的内涵和外延十分丰富，在发展中要把握好四条原则。一是坚持以农为本，这是乡村产业发展的基本前提。乡村产业发展必须扎根于农村、立足于农业、服务于农民，充分利用农村特有的资源优势、人文条件、生态风光，将农村作为长期发展的坚实基础。二是坚持协调带动，这是乡村产业发展的本质要求。要把产业发展落到促进农民增收、农村繁荣上来，在保持乡村生态环境、乡土风情、公序良俗的基础上，走生产发展、生活富裕、生态良好的发展道路。三是坚持融合发展，这是乡村产业发展的必要途径。要进一步延长产业链条，拓展产业空间，促进农村一、二、三产业交叉融合，发展新产业、新业态、新模式，孕育乡村发展的新动能。四是坚持充满活力，这是乡村产业发展的衡量指标。产业发展得好或不好，关键是看产业是否具有活力。要不断培育新型经营主体，深入推进创业创新，引领乡村产业参与市场竞争，塑造核心优势，实现可持续发展。

二、乡村产业振兴的重点任务

乡村产业振兴任务艰巨，不同产业的功能定位不尽相同，所以我们要准确把握发展目标和方向，突出四个重点任务。

（一）保障农产品有效供给

保障国家粮食和重要农产品供给安全是乡村产业发展的第一要义。要巩固提升粮食等重要大宗农产品的生产能力，确保国家粮食安全，就要调整优化农业结构，推进农业由增产导向转向提质导向，立足农村资源禀赋优势，大力发展农产品加工业、休闲农业、乡村旅游、劳动密集型加工制造业、生产性和生活性服务业，提高农业供给体系质量与效率，满足居民日益增长的绿色优质物质产品和生态文化等精神产品需求。

（二）保持生态涵养

要坚持绿色发展理念，大力推行绿色生产生活方式，统筹山水田林湖草系统治理。强化政府与市场主体的生态环境保护责任，加强对可能产生污染的重点领域、重点产业的监管，强化产业内部重点环节环境风险管控，应用先进实用的环保技术设备，尽可能降低环境负外部性。发挥乡村生态优势，大力发展乡村绿色生态环保产业，加强乡村资源回收利用和污染治理，将绿水青山打造成金山银山。

（三）带动农民就业增收

要以人民为中心，把产业发展落到促进农民增收上来，全力以赴消除农村贫困，推动实现乡村生活富裕。继续推进城镇化进程，通过减少农民来富裕农民，促使农村人口和劳动力向城市转移定居。但要看到，这个过程是相对缓慢和持续的过程，即便城镇化率达到发达国家水平，我国仍有数以亿计的人口留在农村，而他们的生产、生活都需要产业支撑。乡村产业发展必须具有创造稳定的乡村就业机会的功能，帮助农民更高质量就业，密切与农民的利益联结，促进农民收入持续快速增长。应大力发展乡村非农产业，充分发挥其在带动就业方面的显著作用。

（四）促进城乡融合发展

要立足城乡不同资源禀赋优势，通过产业错位布局、协同配合，整合城乡各类生产要素，实现城乡融合发展。一方面，要加强城乡产业之间的衔接和配套，将城市产业的部分配套产业——如原材料生产和初加工等放在乡村，将乡村产业的部分配套产业——如产品设计、终端销售和配送等放在城市，充分发挥城乡比较优势，产业各个环节优化布局，实现互促共进双赢。另一方面，要加快引导城市的先进生产要素，如人才、资金、技术、管理、信息等进入乡村产业，提升乡村产业发展能力与水平，开辟更广阔的空间，通过产业发展一体化，有效缩小城乡差距。

要高度重视我国乡村产业层次较低，资源利用较为粗放，对人才、资金、技术等要素的吸引力不强，经济效益相对低下等发展质量问题。在当前和今后的一段时期，要以推动乡村产业高质量发展为主线，进一步明确和细化乡村产业发展战略目标。着眼于增强产业实力，加强龙头带动，培育规模以上工业企业和农业产业化龙头企业，提升产业竞争力；加快推进提质增效，提高单位面积经济密度，提高资源利用率、劳动生产率；优化产业结构，提高主导产业产值比重，增强就业增收带动能力。着眼于增强产业内生动力方面，强化体制机制创新，引进乡村外部的人才、资本和管理理念，建立合理的利益联结机制；加快新产品开发和新技术、新模式应用，多渠道开拓市场，多元化培育新产业、新业态，促进产品服务价值实现；注重科技创新、扩大研发支出规模，提高全要素生产率。着眼于增强产业可持续发展能力，倡导绿色发展理念，注重节约资源、保护环境、造福社会、和谐发展，降低单位产出能源资源消耗，增加环境保护投入，降低污染物排放水平，实现污染物达标排放，鼓励发展清洁生产，加强废弃物处理和资源化利用，不断提高生态效益和社会效益。

三、延安乡村产业振兴的案例分析

（一）延安市乡村产业发展概况

1. 延安市乡村传统农业产业发展状况

一直以来，延安市乡村依托本土优越的地理气候环境与丰富的自然资源优势，聚力发展以苹果产业为重点的果业，以生猪、肉牛、肉羊为补充的畜牧业，以设施蔬菜、设施水果为重点的特色种植业。同时，其因地制宜做优做强了核桃、红枣、小米杂粮等一批陕北特色产业，传统农业产业发展总体势头良好，发展潜力较大。尤其是苹果产业现已成为延安市农村经济的支柱产业和国民经济的特色优势产业，是延安特色农业产业发展的标志。作为世界公认的苹果最佳优生区之一，延安的苹果种植历史悠久，面积和产量规模逐年扩大，品牌优势不断凸显，对促进延安农民增收致富和乡村经济发展起到了巨大的带动作用。以延安市洛川县旧县镇洛阳村为例，该村现有果园面积 1820 亩，其中 1100 亩被评为"国家级标准示范园"，苹果果形漂亮、口感绝佳、品质优良，先后被指定为北京奥运会、上海世博会、广州亚运会的专供苹果，远销海内外。而且，该村的一部分果园还被世界 500 强企业所认领，品牌优势与市场发展前景颇为乐观。此外，延安市富县张家湾镇黑水寺村、小山子村结合本地农业农村工作实际，大力发展中蜂养殖、富硒大米、菌草种植等特色产业，充分利用当地自然资源优势，在村党支部引领下成立了专业合作社，推行"支部＋合作社＋户"模式，创新乡村产业发展观念，提高农产品质量效益，推动村集体经济发展壮大。

　　然而，在当今我国大力倡导质量兴农、绿色兴农、品牌强农，加快构建现代化农业产业体系的政策背景下，延安市传统农业产业正面临着产业形态单一，规模发展不足，产业链延伸困难，农民职业化、组织化和农业产业化、现代化程度不高等实际问题，一定程度上阻碍了传统农业产业的突破性发展。例如，乡村苹果产业在发展中存在着品种结构不合理、深加工能力不足、品牌优势未形成、社会化服务组织建设滞后等实际问题；小米杂粮等传统农业产业正面临种植规模不断缩小、技术资金投入不够、产品生产仍停留在初加工阶段等亟待解决的问题。据了解，延安市每年约60%—70%的苹果直接通过果商在田间地头收购，不经过任何产业化加工程序直接进入初级市场，产品附加值较低，产业优势未能很好地转化为经济优势。

　　"延川红枣""黄龙核桃""吴起荞麦醋""甘泉豆腐""富县直罗贡米""延长红薯"等一批优势特色农产品产业化水平偏低、生产规模偏小、品牌宣传力度不够，未能真正形成具有市场竞争力的陕北特色农产品优势。总的来说，延安乡村传统农业产业发展水平较低，与我国现代农业产业的发展要求还有着较大差距。

　　2.延安市乡村现代特色产业发展状况

　　以休闲农业、观光农业、农村电商、红色旅游业为代表的现代特色产业作为乡村振兴新兴产业和支持延安本地乡村经济快速增长的重要产业，逐步迈入快速发展的轨道。乡村农民思想意识的解放使其逐渐摆脱传统小农经济旧观念的束缚，使传统农业与现代服务业相结合，最大限度发挥出农业的附加值效益，另外，这些现代特色产业还依托互联网技术开设网店、微店，拓宽销售渠道，增强了与市场主体的联系。同时，依托延安丰富的历史文化资源，旅游业作为延安乡村经济增长的新亮点，近年来逐步由接待事业型向经济产业型转变。

　　以延安吴起县南沟村、走马台村为例，近年来两地充分挖掘乡村自然资源优势，以山水做文章，建成了南沟生态度假村、走马台袁沟旅游度假村，成立了旅游公司，采取"支部＋公司"模式，通过组建讲解、演出等文化服务团队，开发民俗特色旅游产品，配套餐饮、娱乐设施等方式，使村集体经济走上了创新发展的好路子。此外，以延川县文安驿古镇，梁家河知青故居，黄陵国家森林公园、劳山国家森林公园等为代表的乡村文化旅游产业的兴起，充分保留和弘扬了区域特色文化，既传承了民俗文化的精髓，又促进了乡村经济社会的发展，为乡村振兴战略背景下推动新农村建设树立了典型。

3.延安市乡村能源资源产业发展状况

延安属于典型的资源型城市，依托丰富的能源资源优势以及国家特殊的能源政策支持，延安的能源资源型产业得到了快速、蓬勃发展，现已成为国家能源重要战略接续区。目前，以延长石油集团公司和中国石油天然气集团公司长庆分公司为龙头的资源型企业极大地拉动了地方财政收入增长，稳定了就业，推动了延安地区经济的高速发展。然而，资源产业繁荣发展的背后也暴露出环境污染严重、产业结构单一、产品精深加工不足等一系列突出问题。

（二）延安市乡村产业振兴的基本原则

1.因地制宜原则

延安市共有13个县区，每个县区乡村的地理环境、自然资源、经济基础都不尽相同，因而其产业发展的方向也是不同的。要振兴乡村产业，就要遵循因地制宜的原则，立足本地实际，发掘比较优势，制定切实可行的发展规划，重点发展区域特色产业。例如，在农业产业方面，洛川县要充分发挥其塬区苹果的产业优势，积极建设大型果品批发中心和生产中心；延川县和宝塔区要依托本地地理气候条件，建成红枣、杂粮、商品薯等生产基地中心；甘泉县、安塞区和宝塔区应大力发展大棚蔬菜种植，扩大规模，不断满足本地生鲜蔬菜市场需求。在工业产业方面，黄陵县、子长市煤炭资源储量丰富，要充分利用本地煤炭低硫、富油、高热量的优势特征，发展煤气、煤焦油、合成氨等新型化工业，形成延安本地煤炭生产、煤化学产业基地；富县、志丹县、延长县石油资源丰富，要充分利用本地资源优势延长产业链，发展石油伴生气等高性能、高技术产业，带动能源工业高效发展。在第三产业方面，宝塔区、黄龙县、黄陵县、宜川县要依托本地丰富的文化旅游资源优势，进一步开发黄帝陵、黄河壶口瀑布、延安革命纪念馆、国家森林公园等知名旅游景点，不断提升综合旅游业服务水平，并以此协调带动本地一、二产业的发展。

2.渐进式原则

各个地方乡村产业的发展都应建立在自身的基础条件之上，因为超越本身经济实力和承载能力的产业化必然会导致资源的浪费及产业结构的严重失调，如此便违背了国家乡村振兴战略的初衷。要实现乡村产业发展的可持续性，当地必须要考虑发展适度问题，在不断调整优化的过程中，根据特殊的地区特点渐进式地、逐步有序地实现具体乡村的产业化。对于延安地区乡村来说，因受黄土丘陵沟壑区地形环境影响，产业发展需要考虑自然环境的承载能力，而具体无论是发展苹果产业，还是其他具有经济效益的优势产业，该地区乡村都需要在大规模普及之前开展好试点工作，通过试点来检验自身是否适宜进一步发展该产业。如若适宜，便可循序渐进地由此展开，如若不适宜，也不会造成人力物力等资源的巨大损失。渐进式原则强调任何事情的发展都不是一蹴而就的，都需要经历一段由易到难的过程，产业的振兴也是如此，需要通过不断摸索、总结，再摸索、再总结，逐步积累起适合自身的发展经验，从而使发展过程变得稳定有序，使发展目标变得清晰可行。总而言之，乡村产业在发展过程中遵循渐进式的发展原则有利于推动产业效益稳步提升，有利于优化产业布局，不断提高产业发展的能力与水平，有利于促进乡村经济朝着可持续发展的方向稳步推进。延安乡村无论是发展现代农业产业，还是发展能源资源、文化旅游、养老托幼等新兴产业，都应始终遵循渐进式的发展原则，一步一个脚印，踏踏实实地迈进，这样才会为整个乡村的繁荣振兴打下坚实的基础。

3.可持续发展原则

任何产业在发展过程中都应考虑长远性与可持续性。对于延安乡村产业发展来说，其长远性和可持续性一方面表现在以农产品生产为主的农业产业的产品品质上。要想使产品赢得广大消费者的青睐，开拓更大的市场，实现经济效益的最大化，就必须确保产品始终优质，任何只顾眼前利益不顾长远利益的投机取巧换来的都将是产业发展难以为继。因此，政府、农民、产业龙头企业、合作组织的负责人都应从思想上高度重视农业产业产品品质的提升问题，树立可持续发展原则，依靠先进的管理技术和生产经营理念，在产品的提质增效上下功夫，一改往日重产量、轻质量的落后观念和目光短浅的做法，从而促使延安市乡村农业产业得以长足发展。另一方面还表现在发展过程中要坚持绿色生态导向，统筹考虑生态环境的保护上。习近平总书记提出"绿水青山就是金山银山"，良好的自然生态环境是农村地区最为宝贵的财富，因此，要想实现乡村振兴，就要科学、合理地利用自然资源，有效保护生态环境，让良好生态成为乡村振兴的支撑点，真正使乡村成为山清水秀、天高云淡、风景如画、生态宜居的美丽乡村，成为广大城市居民无限憧憬的向往之地。目前，延安市部分乡镇工业企业的三废污染问题依然突出，难以做到产业发展经济效益与生态效益有效兼顾。如此以牺牲生态环境为代价的产业发展必定不是长远的发展道路，当地政府、乡镇工业企业必须加快转变产业发展理念，提倡低能、低耗、低污染的工业发展模式，促进乡镇工业产业可持续发展。同时，当地政府也要充分意识到乡村生态环境的潜在经济价值，依托自然资源优势大力促进休闲、观光、旅游、养生等第三产业的发展，以产业链的有效延伸带动当地乡村经济社会的良性循环发展。

（三）延安市乡村产业振兴的主要措施

1. 创新乡村振兴规划，大力促进产业融合

为了保障延安地区乡村振兴有序化进行，提高乡村振兴策略实施效率，我们建议政府组织市、县、镇、村分层级开展产业发展规划编制工作，实施规划引领行动，指导和规范乡村振兴。在规划过程中，延安要全面推进乡村产业的科技创新，不断加快现代农业产业生产经营方式转变步伐，加大现代农业产业的标准化生产和推广力度，支持新产业、新业态的发展壮大，大力促进产业融合。

一是大力发展乡村农产品加工业。用工业化的先进理念管理和指导农业产业的发展，高度重视农业产业后整理工作，不断延长产业链条，大力促进乡村一、二、三产业融合升级。在产业选择上，要重点扶持和培育一批市场前景好、技术水平高、带动能力强的农产品加工龙头企业，着力提高农产品加工转化能力，提升农业产业的附加值效益，积极构建"企业＋农户"的生产经营体系，将企业与农户高效联系起来，使企业与农户之间分工协作、优势互补，形成市场经济条件下专业化生产、规模化经营、产业化发展的新格局，加快现代农业产业化发展步伐。在区域布局上，做好乡村工业集中园区建设规划，结合延安地方特色农产品优势，高标准建设一批以洛川苹果、甘泉豆制品、延川红枣、子长薯类、南泥湾大棚蔬菜、黄龙核桃和蜂蜜、安塞地椒羊肉等为代表的农产品集中加工园区，促使农村加工业项目统一向标准工业集中园区集中，同时加大招商引资力度，吸引一批产业能耗低、环境污染小、原材料和劳动密集型项目进驻产业集

园区，从而带动乡村产业的高效益发展。

二是围绕现代农业产业，有重点地发展乡村第三产业。对于延安绝大多数乡村来说，农业产业都是具有主导性质的产业，因此在产业规划中，发展乡村第三产业要以农业产业为依托，重点推动农业技术推广、网络信息服务等的发展，积极探索农产品现代营销方式，加快延安地区农村电商发展；积极发展乡村金融、保险、物流、中介等现代服务业，鼓励城市大中型企业到乡村发展连锁经营。同时，引导广大农民立足当地资源优势和自身实际，因地制宜大力发展数字农业、休闲观光、采摘农业、生态旅游、森林康养等第三产业项目，拓宽农民增收渠道。

2. 积极调整产业结构，优先振兴特色产业

当前，面对多元化的市场需求，延安乡村产业必须紧跟市场发展形势作出相应的规模结构调整，大力发展有市场竞争性、高附加值的优势产业，促进一、二、三产业融合发展。具体而言，一是要发挥延安特色农业资源禀赋优势，坚持以市场需求为导向，努力把苹果产业打造为延安乡村第一优势品牌产业，同时培育壮大陕北小杂粮、大棚蔬菜、优质肉牛和肉羊等产业规模，做优做强延安特色农业产业。此外，抓好特色产业专业村和专业镇建设，高质量持续推进"一村一品""一乡一业"建设，延伸农产品加工、包装、宣传、销售产业链条，发展现代农业产业。二是大力实施品牌营销战略，积极培养现代品牌意识。统一制定特色农产品质量标准、统一规范产品包装样式、统一运用产品品牌标识，通过举办区域农产品推广会、展销会及利用微博、微信公众号等现代新媒体方式大力宣传推广延安本地特色优质农产品，持续提升洛川苹果、延安红枣、延安地椒羊肉等区域特色品牌的影响力，带动延安农业产业实现更高质量发展。三是在大力发展乡村农业产业的同时，发挥部分区域能源资源优势，通过引进人才和技术，大力发展市场需求量大、科技含量高、资源能耗小的产业项目，逐步走出一条以深加工为主的现代工业产业发展道路。同时，依托丰富的人文资源优势发展以旅游业为主的现代服务业，不断提高人性化服务水平，带动相关农业产业的协调发展。总之，只有立足本地实际，正确规划乡村产业结构调整重点，优先振兴本地特色优势产业，才能为乡村产业的可持续发展提供保障。

3. 引导多元主体投资，满足产业振兴资金需求

在大力发展乡村产业、推动乡村实现全面振兴的过程中，当地政府必须强化资金投入保障，引导多元主体共同参与投资乡村产业。第一，政府应持续加大财政支农力度，设立市、县两级乡村产业专项扶持资金，并加强涉农类项目资金监管力度，确保将乡村产业发展落到实处，真正将钱花在刀刃上。第二，通过以奖代补等扶持性政策积极引进一批科技含量高、带动能力强、辐射范围广的龙头企业和合作组织，本着风险共担、利益共赢的原则，鼓励企业加大资金投入力度，创新产业发展方式，以市场为导向带动当地乡村实现现代产业化发展，这样不仅解决了产业的产前、产中、产后服务问题，还满足了产业振兴资金需求、扩大了产业发展规模、拓宽了产业销售市场，从而确保乡村产业稳步壮大和持续发展。第三，积极鼓励金融资本投资乡村产业，加强金融企业与乡村龙头企业、农民合作社之间的联系，鼓励其全面实施政策性农业期货、保险项目，盘活产业发展运转资金，逐步形成政府财政优先保障、龙头企业带动引领、金融资本重点倾斜、农民群众广泛参与的多元主体投资格局，多渠道满足乡村产业振兴的资金需求。

4. 加大科技推广力度，壮大产业人才队伍

发展乡村产业，实现乡村振兴，必须要有先进的科技与强大的人才队伍作为支撑，通过科学技术的广泛普及提高以广大农民为主体的产业振兴群体的科学素质，从而助推乡村产业的高质量发展。一是积极培育打造新型职业农民队伍。加强对农民科技知识的教育普及，注重培养其运用理论知识解决产业发展中面临的实际问题的能力，发挥好市、县两级农广校、农业技术推广站、畜牧技术推广站等农业技术推广服务部门的宣传教育作用，鼓励各龙头企业、农民专业合作社以及延安职业技术学院不定期开展专业技术培训分享交流会，持续提高农民的综合素质与科技技能，促使其逐步成为新时代有文化、懂技术、会经营的"农秀才""土专家"。二是加强农村科技实用人才的培养。设立乡村产业人才专项培养基金，重点针对新型产业经营主体负责人、经理人、技术人员和乡镇农业技术干部，分产业精准开展特色产业技术管理培训，以此带动更多的农民学习掌握产业发展实用技术。支持延安大学、延安职业技术学院等高等院校积极调整优化涉农类专业科目设置，为本地区乡村产业振兴培养一批高素质、专业化的

实用型人才。三是加大外来科技人才引进力度。通过健全人才鼓励激励机制，完善乡村教育、医疗、卫生、养老等公共基础服务设施建设，优化人才发展环境，吸引优秀高校毕业生、农业科技人才、进城务工人员、退役军人等返乡创新创业，鼓励其积极投身乡村产业建设，在乡村这个广阔的大舞台充分施展个人才华，从而有力地促进乡村产业的长足发展。

5.完善产业振兴制度，保障产业良性发展

制度是推动产业振兴的根本保障，在新形势下，只有加大力度，不断深化农业供给侧结构性改革，破除阻碍乡村产业发展的一系列体制机制障碍，当地政府才能充分激发延安地区乡村产业发展活力，真正促使延安乡村产业兴旺。政府应主动出台更多符合延安乡村实际的产业发展优惠扶持政策，如生态补偿政策、农业基础设施建设政策、农产品市场政策等，同时保障政策的连续性和农村社会经济发展的稳定性。例如，在延安特色农业产业发展过程中，政府可以加大力度为特色农业产业提供低息、无息或无担保小额贷款等绿色金融服务通道，积极开拓特色农业产业销售市场，补贴特色农业产业发展项目、农民专业合作社的建立和专业技术人员的培训等。当地可引入市场机制，针对不同乡村的独特资源优势统一开发，如针对旅游资源丰富的乡村，可以将其闲置农宅统一包装，在最大程度保留村庄本身特色的基础上，积极增添有历史记忆、地域特色的魅力元素，打造生态与文化有机结合的特色品牌，发展以避暑、民宿、养老托幼为主的休闲经济和以寻根、创作、写生为主的文化创意经济。同时，带动村民发展本地生态观光农业、休闲农业、特色手工业等，可多渠道增加产业附加值，推动乡村产业的可持续发展。

当然，在乡村振兴战略提出的新形势下，政府在完善产业振兴制度、出台产业优惠政策的同时还应找准自身定位，逐步从全方位的支持向基础设施建设等方面的基础性支持转变。具体而言，一是要重点扶持龙头企业、农民专业合作社、特色农业产业示范园以及与特色农业产业相关的服务、销售、加工、物流等企业，通过涉农企业的不断发展壮大带动农民自愿自主投资，营造乡村产业发展积极氛围。二是政府应当逐步减少对农民的直接投入，适当改变扶持方式，通过以奖代补、鼓励激励、鼓励竞争等机制让农民减少等、靠、要的消极被动思想，主动进行技术改进，主动探索市场，增强抵御风险的意识和能力。三是要加快构建农村网络信息化服务体系，建立市、县、镇、村多级互联网通道，充分发挥信息化功能优势，帮助农民与市场、政策、产业信息、村务等对接起来，从而让农民真正成为乡村产业振兴的主力军。

第二节　乡村生态振兴及其实践案例分析

一、农业绿色发展

（一）农业绿色发展的动因分析

党的十八届五中全会提出的绿色发展理念，特别是随后国家出台的一系列推动绿色发展的政策措施，为农业实现绿色转型发展提供了宏观政策环境。同时，严峻的农业生产环境形势，日益增长的消费市场需求，日益严格的国际农产品市场准入条件，以及新时代如何进一步增加农民收入等问题，也对农业实现绿色转型发展提出了现实需求。

1.实施绿色发展的政策推动

党的十八大以来，党中央、国务院高度重视经济社会的绿色发展，并作了一系列战略部署，推动了农业绿色发展。然而，农业主要依靠资源消耗的粗放经营方式没有得到根本改变，农业生产所需优质耕地资源、水资源配置到城镇、非农产业的趋势依然强劲，农业面源污染和生态退化的趋势尚未得到有效遏制，优质安全农产品供给还不能满足人民群众日益增长的需求。十八届五中全会提出了创新、协调、绿色、开放、共享的发展理念，以绿色发展理念为导向，推动农业绿色发展，实现资源集约与高效利用，确保农产品质量安全，是全面贯彻落实习近平新时代中国特色社会主义思想的具体行动。2016年，中央一号文件《中共中央国务院关于落实发展新理念加快农业现代化实现全面小康目标的若干意见》明确指出"加强资源保护和生态修复，推动农业绿色发展"。2021年，中央一号文件《中共中央国务院关于深入推进乡村振兴加快农村现代化的意见》提出了"构建现代乡村产业体系""推进农业绿色发展""实施农村人居环境整治提升五年行动"等举措。中共中央办公厅、国务院办公厅印发的《关于创新体制机制推进农业绿色发展的意见》（以下简称《意见》）指出，推进农业绿色发展是贯彻新发展理念、推进农业供给侧结构性改革的必然要求，是加快农业现代化、促进农业可持续发展的重大举措，是守住绿水青山、建设美丽中国的时代担当，对保障国家食物安全、资源安全和生态安全，维系当代人福祉和保障子孙后代永续发展都具有重大意义。

为贯彻党中央、国务院决策部署，推动农业绿色发展，农业农村部开展了畜禽粪污资源化利用行动、果菜茶有机肥替代化肥行动、东北地区秸秆处理行动、农膜回收行动和以长江为重点的水生生物保护行动等农业绿色发展五大行动，并印发《2017 年农业面源污染防治攻坚战重点工作安排》，提出要按照"重点突破、综合治理、循环利用、绿色发展"的要求，强化政策保障，探索农业面源污染治理有效支持政策，要努力把面源污染加重的趋势降下来。这些政策措施有力地推动了新时代农业的绿色发展。

2. 治理农业面源污染的现实需要

农业面源污染具有分散性和隐蔽性、随机性和不确定性、不易监测性和空间异质性等特点，因而对其进行全面治理难度较大，而且具有明显的长期性、复杂性和艰巨性。从行为学视角来看，农业面源污染是源于化肥、农药、杀虫剂、除草剂等化学品的过量投入、低效利用，以及规模化养殖畜禽粪便的不合理处置等行为。从管理学和经济学视角来看，农业面源污染则是源于"追求增长"的发展观、城乡二元经济社会结构、农业面源污染的负外部性、较高的治理成本以及多元化的农户生产行为。

3. 满足消费者生态需求的根本保证

党的十九大报告指出："中国特色社会主义进入新时代，我国社会主要矛盾已经转化为人民日益增长的美好生活需要和不平衡不充分的发展之间的矛盾。"随着人民生活水平的逐渐提高，人民对安全、优质农产品的需求日益迫切，这是人民日益增长的美好生活需要的重要组成部分。近些年来，我国经济实现了中高速增长，但与此同时也带来了严重的资源破坏、环境污染问题。"保护生态环境就是保护生产力。"针对日益严重的事关国人健康的水、土、大气污染问题，国家相继出台了"水十条""气十条""土十条"。近两年实施的中央生态环境保护督察实现了两大根本性转变：一是实现了从环保部门牵头到中央主导的转变，二是实现了从以查企业为主到"查督并举，以督政为主"的转变，这是我国环境监管模式的重大变革，对改善生态环境发挥了巨大作用。习近平总书记强调："良好生态环境是最公平的公共产品，是最普惠的民生福祉。"

除水、气、土之外，农产品质量安全也始终是党中央、国务院关注的重大问题之一。习近平总书记指出，民以食为天，加强食品安全工作关系我国人民身体健康和生命安全。由此可见，实现农业绿色发展，保障农产品质量安全，是全面建设社会主义现代化国家的迫切需要，更是解决新时代我国社会主要矛盾的重要举措。因此，实现农业绿色发展，确保农产品质量安全，是满足消费者生态需求的根本保证。

4. 提升农产品国际竞争力的必然要求

在经济全球化背景下，农产品国际贸易日益频繁。有关研究表明，我国农产品的国际竞争力正在降低，以土地为代表的自然资源要素密集型农产品基本丧失了比较优势，劳动密集型农产品依然具有较强的比较优势，但随着劳动力成本的进一步提高，其比较优势也会逐渐降低。"绿色壁垒"是近年来国际贸易中出现的与生态环境紧密关联的一种新型贸易壁垒形式，通常表现为绿色关税、绿色市场准入、"绿色反补贴"与"绿色反倾销"、环境贸易制裁等。对农产品而言，一方面其生产、使用、消费和处理都与环境密切相关，另一方面世界各国都对其实施了力度较大的保护措施。因此，绿色壁垒必然会对国际农产品贸易产生重大的影响。作为传统的农产品出口国，加入 WTO 之后，我国农产品面临着绿色壁垒的严峻挑战。对农产品进口国而言，制定严格的绿色标准，将不符合其标准的农产品拒之门外，无疑是出于对本国消费者健康的考虑，当然也不排除个别打着贸易保护的旗号故意制造麻烦的情况。对农产品出口国而言，绿色壁垒的限制使农产品国际贸易受到了巨大影响，削弱了其农产品在国际市场上的竞争力，影响了农业创汇能力。这就迫切要求农产品出口国必须提高农产品品质，并且逐渐促使其与进口国相互认可双方标准，从而提高农产品的国际竞争力。

实事求是地讲，我国农产品在国际市场上的总体竞争力较弱，应对绿色壁垒的能力不足，因质量达不到进口国的绿色标准而被退回的事件时有发生，这一方面可能是由于彼此之间绿色标准不一致，另一方面也说明我国农产品质量依然存在一些问题。因此，推动农业绿色发展、提高农产品品质，是全面提升我国农产品国际市场竞争力的必然要求。

5. 增加农民收入的有效途径

我国农业农村发展进入新时代，也出现了很多新问题，具体对农业生产而言主要表现在两个方面：一是粮食供求品种结构的失衡导致了产量、进口量和库存量齐增现象的出现；二是相对于现代农业而言，我国农业经营规模依然较小，由此带来了比较高的农业生产成本，在一定程度上影响了农民的家庭经营收入。与此同时，农业发展的外部环境、内在条件都发生了深刻变化，农民增收越来越受到国民经济和全球一体化发展的深刻影响，持续增收有机遇，但也有压力和挑战。从本质上来看，要促使农民收入超常规增长，不仅需要技术、资金、劳动力、土地等传统要素的优化组合，还需要依靠改革创新驱动来引领新兴要素优化配置。

"让农业成为有奔头的产业。"要实现农民收入超常规增长目标，政府必须进一步稳定家庭经营收入。为此，一是要实现农业绿色发展，把优质、绿色、生态、安全的农产品生产摆在突出位置，培育农产品品牌，实现优质优价；二是要结合农业绿色发展，大力推广节水、节药、节肥、节电、节油技术，降低农业生产资料、人工、流通等成本；三是要引导发展适度规模经营，通过扩大生产经营规模来增加农民收入。

在稳定农业生产传统业态的同时，政府需培育农业发展新业态，拓宽农业增收新渠道，发掘农业多功能价值，包括培育休闲农业、乡村旅游、创意农业、农村电子商务等新产业、新业态，而这些新业态的发展必须以农业绿色发展为前提。因此，实现农业绿色发展是提高农民收入的有效途径。

（二）农业绿色发展的核心问题

众所周知，农业生产最基本的生态资源要素是耕地和水资源。耕地面积、水资源量是影响农产品产量高低的重要因素，而耕地土壤质量、灌溉水资源水质则直接影响农产品的品质。因此，新时代农业绿色发展的核心问题就是对耕地资源和水资源的保护，不但要保护一定数量的耕地面积，以及足量的农业生产用水，更重要的是要加强对耕地土壤质量、灌溉用水水质的保护。对此，我国必须从战略上高度重视并采取有效措施。一旦失去这两个核心，农业绿色发展只能是一句空话。学术界围绕农业发展提出的体制机制创新、土地流转实现规模化生产、新型农业生产主体以及技术创新等都属于保障、措施、路径的范畴，而不是农业绿色发展的核心。

（三）农业绿色发展的对策建议

在新时代，我国农业发展应将为国人提供优质、安全的农产品作为最根本的出发点与目标，要实现这个目标，核心就是要保护水土资源的数量，提升水土资源的质量，以破除保障农产品质量安全所需的优质水土资源不足的桎梏，实现农业的绿色发展。

1. 强化对实现农业绿色发展重大战略意义的认识

针对新时代我国农业生产所面临的资源环境形势，以及优质、安全农产品的供应状况，我国必须以保护水土资源为核心，实现农业绿色发展，这是确保农产品质量安全、真正走向绿色生态的重要举措，也是引领我国现代农业发展的有效途径，更是促使中华民族健康、永续发展的坚实保障。换句话说，保护好水土资源，实现农业绿色发展，不仅是保证农产品质量安全的农业生产问题，而且是关乎中华民族能否健康延续下去的重大战略问题。当前，我国对实现农业绿色发展还缺乏战略层面的认识，因此必须强化对农业绿色发展重大战略意义的认识。只有在战略上重视，才能在战术上真正重视。

2. 坚持绿色发展理念，确保中央各项政策的落实

近年来的中央一号文件、党的十九大报告以及中央农村工作会议围绕提升农业发展质量，不仅提出了农业绿色发展的总体战略，还对农业绿色发展的重点领域及措施进行了具体部署。特别是党的十八届五中全会提出的绿色发展理念，以及习近平总书记提出的"绿水青山就是金山银山"都为实现农业绿色发展指明了方向。为此，各地政府迫切需要以绿色发展理念为指导，从数量、质量两个方面保护水土资源，以为农产品质量安全提供资源基础作为农业绿色发展的核心与关键，真正将中央的各项政策及部署落到实处，为国人提供优质安全的农产品，以满足其日益增长的对美好生活的需要。

3. 完善环保制度，严格环保执法，减少工业企业对水土资源的污染

近年来，国家对环境保护工作重视程度日益加强，推动了环保制度建设。新时代，保护水土资源及实现农业绿色发展依然受到工业企业污染的威胁。2016 年，环境保护部印发了《关于实施工业污染源全面达标排放计划的通知》，在产排污染量大、已制定行业污染物排放标准或发放排污许可证的行业优先实施，通过重点带动一般，推动工业污染源实现全面达标排放。但需要注意的是，在达标排放环境规制下，水土资源依然面临被工业企业污染的风险，因为工业企业污染物会在排放之后因富集作用浓度愈来愈高，达到一定阈值后将会对水土资源造成污染，导致水土资源质量下

降，进而影响农业的绿色发展。因此，工业企业的排污行为应进一步得到规范，以总量控制取代达标排放，以激励性制度、引导性制度取代限制性制度。同时，各地应严格环保执法，对违反环保法规的企业进行严惩，切实转变过去"以罚代法"的做法，根据所造成的环境污染程度，由企业承担相应的法律责任，并处以重罚。此外，应建立中央生态环境保护督察长效机制，以规范政府行为，对盲目决策的领导严厉问责，从根本上杜绝企业的违法违规行为。

4. 采取有效措施，确保耕地数量稳定与质量提升

前文已经提到，耕地资源数量是保障以粮食为主的农产品数量安全的前提，而保护与提升耕地质量则是从根本上实现农产品质量安全的保证。因此，我国需要从数量与质量两个方面采取有效措施，以对耕地资源进行有效保护。

5. 加强水生态建设的同时，实现水资源的高效利用

（1）强化水生态治理，提升水资源的保障能力。水生态建设和保护是水治理之本。习近平总书记指出，自然界的淡水总量是大体稳定的，但一个国家或地区可用水资源有多少，既取决于降水多寡，也取决于盛水的"盆"的大小。这个"盆"指的就是水生态，做大盛水的"盆"是实现水资源可持续利用的根本。为此，我国应立足于系统论，统筹自然生态的各要素，把治水与治山、治林、治田有机结合起来，协调解决水资源问题，提升水资源对农业发展的保障能力。

（2）以最严格的水资源保护制度确保水资源可持续利用。2012年，《国务院关于实行最严格水资源管理制度的意见》提出，要严格控制用水总量、用水效率、入河湖排污总量"三条红线"，以加快节水型社会建设，促进水资源可持续利用。基层调研发现，我国水资源污染形势依然相当严峻，治理水资源污染任重而道远。为此，我国应根据最严格水资源管理制度的要求，采取综合管理措施，严守水资源管理的"三条红线"，以实现水资源的可持续利用以及满足农业生产灌溉用水的需求。同时，我国还应切实加强水域环境的监测与环保执法力度，杜绝工业企业对水资源的污染；在农业生产领域，应控制农业面源污染，减少其对水体的污染。

（3）创新农业用水机制，实现农业节水。当前，我国农业用水具有很大的节水潜力，应充分采取有效措施，创新农业用水机制，大力推广农业

节水。为此，我国应强化"适地"原则：一是依据不同区域的气候条件、水资源条件等，确定农业节水的重点区域；二是根据重点区域的农业生产状况，注重其节水技术的开发与集成；三是建立不同区域的农业用水机制，实现农业节水目标。

6. 创新机制，推动农业绿色发展

针对发展中所面临的诸多挑战，我国需要创新机制，推动农业绿色发展。一是要设立绿色农业发展特区。这是加快农业绿色发展的一项十分紧迫、十分重要的战略举措，具体应根据所设立的绿色农业发展特区内的资源基础，高起点制定农业绿色发展规划，确定发展的核心，以引领我国农业绿色发展，践行"绿水青山就是金山银山"的理念。二是要逐步建立与完善农业生态补偿机制。根据实现农业绿色发展的要求，我国应在资源要素层面、产业层面、农业废弃物资源化利用层面等逐步建立与完善生态补偿机制，以增加有利于农业绿色发展的制度供给，为农业绿色发展提供良好的制度环境。

二、农村人居环境建设

农村人居环境直接关乎农村居民的身心健康和农村经济的发展，影响着城乡一体化实现的进程，更是建设社会主义新农村的重要内容。

"美丽乡村"延续和完善了社会主义新农村建设的相关政策方针，也丰富、充实了其时代内涵，新时期建设"美丽乡村"的重点为改善民生、提高居民生活环境。现实中的农村人居环境与预想中的"美丽乡村"存在较大差距，以"美丽乡村"为视角探讨农村人居环境建设问题，可以为进一步改善农村人居环境提供对策与建议。

（一）优先开展科学规划工作

农村人居环境建设困难重重，其中一个重要原因就在于村庄规划的无序性，同时，建设实践活动没有成熟的理论作为先导，当地政府引导下的农村人居环境建设具有盲目性。因此，政府必须优先开展科学规划工作，从而为农村人居环境建设提供必要的准备。

一是要合理建设、科学规划。鉴于我国在改革开放之后才将经济中心转移到农村，相较于城市人居环境建设，农村人居环境建设起步晚且建设速度较为缓慢，所以能够指导现在农村人居环境建设的经验或者理论相对欠缺。由此，各地政府应加强理论与实践的结合，推动高校研究与农村具体实际相结合，制定科学有效的农村人居环境建设规划，使具体农村人居环境建设活动有据可依。二是要因地制宜、逐渐推进。受我国幅员辽阔、人口众多、民族多样化、文化多元化等因素的影响，我国省与省之间、市与市之间、县与县之间、镇与镇之间、村与村之间都有很大的差异性，所以，政府在建设农村人居环境过程中应因"村"而异，根据居民的需求做出具体的规划，不能千篇一律地安排农村人居环境建设事务。同时，还要根据不同级别的农村进行规划，有重点、有层次、有示范地推进，规避追求政绩式的冒进做法。三是要保护传统文化、彰显乡村特色。习近平总书记曾在 2013 年视察峒山村时提出："实现城乡一体化，建设美丽乡村，是要给乡亲们造福，不要把钱花在不必要的事情上，比如说'涂脂抹粉'，房子外面刷层白灰，一白遮百丑。不能大拆大建，特别是古村落要保护好。"民族与文化的差异性使古村落、历史村、旅游村等极具特色的村庄得以出现，而这些农村环境不需要过多改变就可以发展特色优势，开拓旅游资源、民族资源以及文化资源等，从而为改善农村人居环境提供更好的后备条件。四是要保护农村生态环境、恢复农村绿水青山。生态环境破坏是农村经济发展的产物，是农村人居环境建设过程中面临的一个重要问题。生态环境的破坏势必会影响农村居民的身心健康和日常生活，因此坚决不能走之前先污染后治理的经济发展老道路，必须树立环境保护意识，时刻做到环境保护预防为主、防治结合、综合治理，还农村碧水青山。

（二）充分发挥政府职能

政府是农村人居环境建设的指挥者，政府职能的发挥对改善农村人居环境有着直接的作用。农村人居环境建设发展缓慢，与政府监督和管理的缺失有着必然的联系。由此，政府需做出以下努力：一是要明确政府职能权限，避免职能混乱。鉴于实行高度集中的计划经济体制时期，政府权力高度集中，造成了权责之间的错乱，严重影响了农村人居环境的建设进程。政府必须要明晰自己的职能权限，协调政府之间、乡镇政府之间、乡镇政府与村委会之间的权责关系，放权给乡镇政府，做真正意义上的服务型政府。二是要加强与有关部门之间的沟通。农村人居环境建设不仅涉及政府部门，还涉及国土、环境、社会保障、城市规划以及医疗等相关部门，因此农村人居环境的建设需要政府协调好与这些部门之间的关系。三是要提高监督管理能力，创立激励机制。相较于城市人居环境建设相关的政府监督管理体制，农村人居环境建设监督管理体制构建明显滞后，甚至是空白的，而这使农村人居环境建设缺少了必要的制度保障，所以完善与农村人居环境建设相关的政府监督管理体制很有必要。同时，政府还需要加大对相关人员的培养和培训，为农村人居环境建设提供一定的人力支撑。再者，政府需要创立激励机制，对做好农村人居环境建设的个人或集体给予一定奖励，以发挥其引领、示范作用，促使农村居民自觉自建居民环境。政府作为执行与监督部门，在农村人居环境建设中扮演着重要的角色，必须明确权责范围，做好分工。

（三）规范农村区域投资方式

为了建设社会主义新农村，实现城乡一体化，国家每年为解决"三农"问题提供了很多财政支撑。这虽然对农村经济发展和改善农村人居环境起到了重要的作用，但是事物的发展不仅需要外在条件，还需要内在因素的推动，所以发展农村经济，改善农村人居环境的主力仍旧是农村居民自身。只有农村经济得到快速发展，居民富裕，才会有更多精力与资金投入人居环境建设，倘若解决不了最基本的温饱问题，那么让农村居民参与构建良好的农村人居环境就无从谈起。因此，对于农村居民而言，发展才是硬道理。其中农村经济发展最重要的影响因素就是农村的投资方式，规范农村区域投资方式主要涉及农村经济发展自身的投资方式和农村外来的投资方式。投资的金额和投资利用率直接影响着农村人居环境建设的进程，可为改善农村人居环境提供强有力的保障。就农村经济发展而言，一方面国家需要对农村经济发展施以引导、鼓励，同时支持农村乡镇企业，支持生态破坏小、环境污染少的企业入驻农村，并给予这些企业政策上的扶持；另一方面要培养高素质、高技能的农业从业人员，提高农业发展的机械化和现代化程度，减少农村投入成本，提高农村粮食的生产产量。就农村外来投资方式而言，部分农村为了快速发展本地经济，对农村外来投资方式并未进行严格的质量筛选，所以一些高污染、高耗能企业的入驻造成了严重的环境污染，使农村人居环境遭到严重破坏。因此，国家和当地政府要联合当地农村居民积极参与外来投资的综合评估，从根源处筛选，寻求高质量、高效率的农村外来投资企业，真正为农村经济发展谋福利。

（四）加强农村居民主体性建设

农村居民是改善农村人居环境的重要主体，影响着农村人居环境建设的直接进程，所以我们必须要加强农村居民的主体性建设。农村居民的主体性建设主要涉及以下几个方面：一是保障农村居民自治。在党的十七大报告中明确提出了有关农村的基层群众自治基本制度，这项农村基本制度为农村的发展提供了强有力的政治保障。实现村民自治以来，政治、经济、文化等农村事务大都由农村居民自己解决，既彰显了农村居民的主人翁地位，又提高了农村居民在农村事务中的话语权，减少了国家对农村事务的解决成本，也规避了个人主义和团体主义。农村居民的自治权是民主性的凸显，加强了居民对农村事务的监督、管理，提高了政府工作的透明度。二是完善农村基础设施。农村居民主体性建设需要国家提供必要的公共服务和公共产品，为农村居民建设良好的人居环境提供必要的基础条件。同时，国家还要加强财政支持和政策支持，提高农村教育、就业、医疗、保险、收入和社会治理的覆盖面积，以改善民生。三是提高居民文化素养。国家需要加大对农村教育的财政投入力度，强化偏远地区的义务教育，加强农村文化知识的宣传，提高农村居民的文化素养，把农村劳动力资源转化为人力资本，这是农村人居环境建设的长期有效保障。

三、重视乡村生态环境保护

良好生态环境是乡村振兴的最大优势和宝贵财富，因此，我们必须尊重自然、顺应自然、保护自然。推动乡村生态振兴，除了要坚持绿色发展外，还要加强乡村生态环境保护，打造农民安居乐业的美丽家园。

（一）生态环境保护思想演进进程

1.消费"绿水青山"来换取"金山银山"的阶段

新中国成立后，党和国家牢牢抓住恢复国计民生、实现经济发展、提升国际地位的中心工作，充分开发利用自然资源的客观优势，通过物质生产劳动将能源优势转化为大量物质财富，实现了经济增长，改变了因长期战乱而导致的经济社会贫困落后的局面。在全力发展经济效益、追求经济速度期间，第一个五年计划提前完成。但是，我们在过度追求经济发展速度与经济效益的同时，违背自然界客观规律、无视自然资源有限性、忽视自然对人类社会的反作用及以一味对自然进行过度开发与征服等现象伴随而生，人与自然的关系逐渐向着失衡的方向发展。特别是当时人们就人与自然的关系提出了"人定胜天""向自然开战""与上天作斗争"等观念。在这种观念的引导下，经济的发展、物质财富的创造无疑是在牺牲自然、征服自然的条件下才得以实现，如全国兴起的大范围炼钢导致我国的森林覆盖率降低，围湖造田使湿地资源减少，肆意开垦造成水土资源流失以及土地沙漠化等。

改革开放初期，党和国家日益认识到环境保护的重要性，但在大力发展生产力、解决人民温饱问题和满足人民物质财富需求的背景下，我国的生态环境问题并没有从根本上得到解决。随着改革开放的深入发展，邓小平同志在分析当时我国基本国情和具体实际的基础上，强调我国正处于并将长期处于社会主义初级阶段，社会主义的本质是解放和发展生产力，必须坚持以经济建设为中心。为进一步推动生产力的发展，我国通过不断完善以公有制为主体、多种所有制经济共同发展的基本经济制度和建立社会主义市场经济体制来提高市场活力，促进经济发展。与此同时，我们进入了片面追求市场效率、经济效益、发展速度的误区，而且个别企业为了追求经济效益开始大规模占用农业耕地，这一方面加剧了我国人均耕地面积少的问题，另一方面导致了一系列环境污染现象的出现，如排放污水造成的水污染、释放工业废气造成的空气污染以及给耕地灌溉被污染水造成的土壤污染等。为此，我国提出在经济发展的同时要注重环境保护，做好污染防治工作，大力发展园林、绿化，逐步创造良好的生态环境。改革开放的前 20 年，我国工业化发展迅速，GDP 增速每年保持在 9.7% 左右，经济发展保持高速增长的综合态势，但高度重视发展经济所带来的资源环境压力也与日俱增。有数据显示："中国 2005 年生态环境破坏、资源消耗带来的损失可以占到国民生产总值的 13.89%。"不可否认的是，粗放型经济在一定程度上带来了生产力的发展进步，促进了经济的增长，但造成的环境恶化问题也不容忽视。在粗放型经济发展模式下，经济越发展，工业化的程度越高，资源消耗就越严重，环境压力也就越大，人与自然的关系就越发不和谐。人与自然关系的进一步失衡不仅会威胁我们赖以生活的生存环境，还会阻碍经济的可持续发展。1994—1996 年，江泽民同志相继发表了有关人口、环境、发展三者之间关系的系列讲话，认为实现经济的发展要充分认识到人口、环境与发展之间的辩证关系。人与自然界的关系是部分与整体的关系，人是自然界的一部分，自然界是人赖以生存的生活家园，只有实现人与自然的和谐，尊重自然、顺应自然、保护自然，才能在一定程度上有效促进和实现经济发展、创造生产力。之后，江泽民同志在全国环境保护会议上进一步指出环境保护的重要性，强调要改变原有的粗放型经济发展方式，走集约型的可持续发展之路。

2. 保护"绿水青山"来稳定"金山银山"的阶段

工业革命的迅速发展在全球范围内掀起了改良劳动生产工具、创新科学技术以追求经济快速增长的浪潮。在大浪潮的席卷之下，世界各国相继迈入追求高速发展的经济实力竞赛中，但单纯的经济线性增长造成了严重的生态环境问题，这不仅影响发展中国家经济的可持续发展，还影响了发达国家的经济发展。2002年，在约翰内森堡召开的可持续发展世界首脑会议中，人们站在全球生态文明的视角下，强调社会进步离不开经济发展，环境保护是实现经济可持续发展的重要条件，各国必须勠力同心，结合本国具体国情，在理论指导实践的基础上，有效保护生态环境，实现经济在全球范围内的可持续发展。

从以经济建设为中心、大力发展生产力的改革开放时期到21世纪初期，我国无论是在恢复国民经济、提高综合国力上，还是在提升国际地位上，都取得了显著成就。我国经济的迅猛发展主要归功于对生产力的大力推动和发展。然而，由于利益驱动、政绩考核等各种复杂因素的影响，一些地方出现了"唯GDP"倾向。在这种倾向的驱使下，片面追求经济发展带来的生态环境问题进一步凸显，在人口基数大、自然资源相对匮乏、人均占有量不足的基本国情下，如果不从根本上改变"三高"的粗放型经济发展方式，资源人均占有量将持续降低，环境问题必将成为在很长一个时期内制约我国经济可持续发展的关键因素。

在分析研判改革开放前20年片面追求经济高速发展造成的严重生态环境问题的基础上，同时受世界范围内日益重视环境保护、强调实现经济可持续发展热潮的影响，国家逐步认识到保护生态环境是实现经济可持续发展的重要基础和关键因素。例如，邓小平同志在国际普遍开始对全球环境问题进行反思的大背景之下，进一步继承、发扬了毛泽东同志的生态思想，综合国内外保护生态建设大环境，提出了环境保护、造福人民的方针和预防为主、防治结合的生态思想；江泽民同志就人与自然的关系指出

"坚持实施可持续发展战略，正确处理经济发展同人口、资源、环境的关系，改善生态环境和美化生活环境……努力开创生产发展、生活富裕和生态良好的文明发展道路。"胡锦涛同志在党的十六届三中全会上明确提出科学发展观，即强调要坚持统筹兼顾，坚持以人为本，树立全面、协调、可持续的发展观。在科学发展观的指导之下，结合日益严重的生态环境问题，党的十七大首次将建设生态文明写入党的十七大报告之中，提出为实现经济的可持续发展、人与自然的和谐发展，我们必须把建设资源节约型、环境友好型社会放在工业化、现代化发展战略的突出位置。

3. 恢复"绿水青山"来实现"金山银山"的阶段

党的十八大以来，党中央吸收改革开放以来生态思想的有益成果，总结我国在追求经济线性发展时出现的与生态环境不相协调的问题，把生态文明建设纳入实现社会主义现代化的"五位一体"总体布局，努力实现生态保护与经济发展的和谐共赢，建设美丽中国，实现中华民族的永续发展。习近平总书记用"绿水青山就是金山银山"的形象比喻，将生态文明建设提到了新的发展高度，不再单方面强调实现经济效益、追求经济发展速度，也不单方面创新生态理论观念，而是坚持理论与实践同时发展，创新生态建设理论以指导改变经济发展模式的具体实践，在实践基础上反过来丰富生态理论思想。鉴于之前因追求经济发展带来了许多生态环境问题，因片面追求 GDP 的快速增长付出了沉重的生态代价，党中央吸取经验教训，充分认识到了自然资源的有限性、稀缺性和自然规律的客观性，认识到在满足人民日益增长的美好生活需要的同时，必须充分发挥人类的主观能动性，去认识自然、改造自然、合理利用自然。但是，我们需要明确对自然改造和利用过程中合理之"度"，需要将对自然的改造和利用限定在自然界自身的承载力范围之内。否则，一味地压榨和征服自然，量变达到一定的程度必将引起质变，导致人与自然不能再和谐共生。

习近平总书记认识到了经济发展过程中出现的人与自然日益失衡的现象，所以从人与自然、经济发展与生态保护的辩证关系切入，对生态文明建设的重要性以及"绿水青山就是金山银山"的生态内涵进行了阐述。"绿水青山"是我们赖以生存的自然界，是为我们提供丰富资源的自然基础；"金山银山"则通过进一步开发利用"绿水青山"，在尊重自然界客观规律的基础上，充分发挥人的主观能动性得以实现。人的主观能动性的发挥必须在适度的范围之内，使自然资源本身具有的使用价值在人类的劳动、交换、消费过程中创造新的价值，从而为社会创造物质财富。只有在适度的范围之内、在尊重自然界客观规律的基础之上发挥人类的主观能动性，利用自然界丰富的自然资源，进而改造自然，促进经济的可持续发展和中华民族的永续发展，才能说"保护生态环境就是保护生产力，改善生态环境就是发展生产力"。处理好经济发展与生态保护的关系，事关中华民族的永续发展和"两个一百年"奋斗目标的实现，因此我们决不能以牺牲环境、浪费资源为代价，换取一时的经济增长。

党的十九大报告指出，我国进入了中国特色社会主义新时代，社会主要矛盾已经转化为人民日益增长的美好生活需要和不平衡不充分的发展之间的矛盾。"美好生活需要"包括人与自然的和谐共生，因此我们只有正确认识和妥善处理人与自然的关系，才能实现我国经济的长期性发展、可持续发展，所以党和国家根据我国新时代的具体国情，提出要实现生态产品从量到质的飞跃，以满足人民日益增长的美好生活需要。习近平总书记在十九大报告中指出："人与自然是生命共同体，人类必须尊重自然、顺应自然、保护自然。人类只有遵循自然规律才能有效防止在开发利用自然上走弯路，人类对大自然的伤害最终会伤及人类自身，这是无法抗拒的规律。"在中国特色社会主义新时代，社会主义现代化不仅是经济迅速发展带来的物质文明现代化，还包括人与自然和谐共生的生态文明现代化。为实现生态文明现代化，我国必须认真贯彻绿色发展、低碳发展的生态理念，自上而下地提高全民族保护生态环境的自觉性和主动性，在全国范围内增强人们保护自然的自觉意识。同时，为进一步恢复生态环境，我国还应加快生态文明体制改革，建立健全生态文明制度，加强执法监督，促进生态文明改革。习近平总书记在十九大报告中指出："建设生态文明是中华民族永续发展的千年大计……像对待生命一样对待生态环境。"生态文明建设事关我国伟大梦想的实现，是利在千秋的关键一步。加强生态文明建设、实现生态文明现代化不仅是建设美丽中国的必然要求，还是实现"两个一百年"奋斗目标的必然要求。

（二）构建乡村生态环境保护体系

1.增强乡村生态环境保护的使命感

各级农业农村部门要深入学习贯彻习近平生态文明思想，切实把思想和行动统一到中央决策部署上来，深入推进农业农村生态环境保护工作，提升农业农村生态文明。具体而言，各级农业农村部门要深刻把握人与自然和谐共生的自然生态观，正确处理"三农"发展与生态环境保护的关系，自觉把尊重自然、顺应自然、保护自然的要求贯穿到"三农"发展全过程中；要深刻把握"绿水青山就是金山银山"的发展理念，坚定不移地走生态优先、绿色发展新道路，推动农业高质量发展和农村生态文明建设；要深刻把握"良好生态环境是最普惠的民生福祉"的讲话精神，着力解决农业面源污染、农村人居环境脏乱差等农业农村突出环境问题，提供更多优质生态产品以满足人民对优美生态环境的需要；要深刻把握"山水林田湖草是生命共同体"的系统思想，多措并举、综合施策，提高农业农村生态环境保护工作的科学性、有效性；要深刻把握用最严格的制度和最严密的法治保护生态环境的方法路径，实施最严格的水资源管理制度和耕地保护制度，给子孙后代留下良田沃土、碧水蓝天。

2. 构建乡村生态环境保护的制度体系

各地需贯彻落实中共中央办公厅、国务院办公厅印发的《关于创新体制机制推进农业绿色发展的意见》，构建农业绿色发展制度体系。落实农业功能区制度，建立农业生产力布局、耕地轮作休耕、节约高效的农业用水等制度，建立农业产业准入负面清单制度，因地制宜制定禁止和限制发展产业目录。推动建立工业和城镇污染向农业转移防控机制，构建农业农村污染防治制度体系，加强农村人居环境整治和农业环境突出问题治理，推进农业投入品减量化、生产清洁化、废弃物资源化、产业模式生态化，加快补齐农业农村生态环境保护突出短板。健全以绿色生态为导向的农业补贴制度，推动财政资金投入向农业农村生态环境领域倾斜，完善生态补偿政策。加大政府和社会资本合作（PPP）在农业生态环境保护领域的推广应用，引导社会资本投向农业资源节约利用、污染防治和生态保护修复等领域。加快培育新型市场主体，采取政府统一购买服务、企业委托承包等多种形式，推动建立农业农村污染第三方治理机制。

3. 推进农业绿色发展的重大行动

农业农村部门应推进化肥减量增效。实施果菜茶有机肥替代化肥行动，支持果菜茶优势产区、核心产区、知名品牌生产基地开展有机肥替代化肥试点示范，引导农民和新型农业经营主体采取多种方式积造施用有机肥，集成推广化肥减量增效技术模式，加快实现化肥使用量负增长。推进农药减量增效，加大绿色防控力度，加强统防统治与绿色防控融合示范基地和果菜茶全程绿色防控示范基地建设，推动绿色防控替代化学防治，推进农作物病虫害专业化统防统治，扶持专业化防治服务组织，集成推广全程农药减量控害模式，稳定实现农药使用量负增长。

与此同时，农业农村部门还应推进畜禽粪污资源化利用。根据资源环境承载力，优化畜禽养殖区域布局，推进畜牧大县整县实现畜禽粪污资源化利用，支持规模养殖场和第三方建设粪污处理利用设施，集成推广畜禽粪污资源化利用技术，推动形成畜禽粪污资源化利用可持续运行机制。推进水产养殖业绿色发展，优化水产养殖空间布局，依法加强养殖水域滩涂统一规划，划定禁止养殖区、限制养殖区和养殖区，大力发展池塘和工厂化循环水养殖、稻渔综合种养、大水面生态增养殖、深水抗风浪网箱等生态健康养殖模式。

另外，农业农村部门需推进秸秆综合利用。以东北、华北地区为重点，整县推进秸秆综合利用试点，积极开展肥料化、饲料化、燃料化、基料化和原料化利用，打造深翻还田、打捆直燃供暖、秸秆青黄贮和颗粒饲料喂养等典型示范样板。加大农用地膜新国家标准宣传贯彻力度，做好地膜农资打假工作，加快推进加厚地膜应用，研究制定农膜管理办法，健全回收加工体系，以西北地区为重点建设地膜治理示范县，构建加厚地膜推广应用与地膜回收激励挂钩机制，开展地膜生产者责任延伸制度试点。

4. 着力改善农村人居环境

各级农业农村部门要发挥好牵头作用，以农村垃圾、污水治理和村容村貌提升为主攻方向，加快补齐农村人居环境突出短板，把农村建设成为农民幸福生活的美好家园。加强优化村庄规划管理，推进农村生活垃圾、污水治理，推进"厕所革命"，提升村容村貌，打造一批示范县、示范乡镇和示范村，加快推动功能清晰、布局合理、生态宜居的美丽乡村建设。发挥好村级组织作用，多途径发展壮大集体经济，增强村级组织动员能力，支持社会化服务组织提供垃圾收集转运等服务，同时调动好农民的积极性，鼓励投工投劳参与建设管护，开展房前屋后和村内公共空间环境整治，逐步建立村庄人居环境管护长效机制。学习借鉴浙江"千村示范、万村整治"的经验，组织开展"百县万村示范工程"建设工作，通过试点示范不断探索积累经验，及时总结推广一批可复制的好经验。

5. 切实加强农产品产地环境保护

各级农业农村部门需加强污染源头治理，会同有关部门开展涉重金属企业排查，严格执行环境标准，控制重金属污染物进入农田，同时加强灌溉水质管理，严禁工业和城市污水直接灌溉农田。开展耕地土壤污染状况详查工作，实施风险区加密调查、农产品协同监测活动，进一步摸清耕地土壤污染状况，明确耕地土壤污染防治重点区域。在耕地土壤污染详查和监测基础上，将耕地环境质量划分为优先保护、安全利用和严格管控三个类别，实施耕地土壤环境质量分类管理。以南方酸性土水稻产区为重点，分区域、分作物品种建立受污染耕地安全利用试点，合理利用中轻度污染耕地土壤生产功能，大面积推广低积累品种替代、水肥调控、土壤调理等安全利用措施，推进受污染耕地安全利用。严格管控重度污染耕地，划定农产品禁止生产区，实施种植结构调整或退耕还林还草。扩大污染耕地轮作休耕试点，继续实施湖南长株潭地区重金属污染耕地治理试点。

6. 大力推动农业资源养护

各级农业农村部门要加快发展节水农业，统筹推进工程节水、品种节水、农艺节水、管理节水、治污节水，调整优化品种结构，调减耗水量大的作物，扩种耗水量小的作物，大力发展雨养农业。建设高标准节水农业示范区，集中展示膜下滴灌、集雨补灌、喷滴灌等模式，继续抓好河北地下水超采区综合治理。加强耕地质量保护与提升，开展农田水利基本建设，推进旱涝保收、高产稳产高标准农田建设。推行耕地轮作休耕制度，坚持生态优先、综合治理、轮作为主、休耕为辅，集成一批保护与治理并重的技术模式。加强水生野生动植物栖息地和水产种质资源保护区建设，建立长江流域重点水域禁捕补偿制度，加快推进长江流域水生生物保护区全面禁捕，加强珍稀濒危物种保护，实施长江江豚、中华白海豚、中华鲟等旗舰物种拯救行动计划，全力抓好以长江为重点的水生生物保护行动。大力实施增殖放流，加强海洋牧场建设，完善休渔禁渔制度，在松花江、辽河、海河流域建立禁渔期制度，实施海洋渔业资源总量管理制度和海洋渔船"双控"制度，加强幼鱼保护，持续开展违规渔具清理整治，严厉打击涉渔"三无"船舶。加强种质资源收集与保护，防范外来生物入侵。

7. 显著提升科技支撑能力

各级农业农村部门要突出绿色导向，把农业科技创新的方向和重点转到低耗、生态、节本、安全、优质、循环等绿色技术上来，加强技术研发集成，不断提升农业绿色发展的科技水平。优化农业科技资源布局，推动科技创新、科技成果、科技人才等要素向农业生态文明建设倾斜。依托畜禽养殖废弃物资源化处理、化肥减量增效、土壤重金属污染防治等国家农业科技创新联盟，整合技术、资金、人才等资源要素，开展产学研联合攻关，合力解决农业农村污染防治技术瓶颈问题。组织实施《农业绿色发展技术导则（2018—2030年）》，推进现代农业产业技术体系与农业农村生态环境保护重点任务和技术需求对接，促进产业与环境科技问题一体化解决。发布重大引领性农业农村资源节约与环境保护技术，加强集成熟化，开展示范展示，遴选推介一批优质安全、节本增效、绿色环保的农业农村主推技术。

8. 建立健全考核评价机制

各级农业农村部门要切实将农业生态环境保护摆在农业农村经济工作的突出位置，加强组织领导，明确任务分工，落实工作责任，确保党中央国务院决策部署不折不扣地落到实处。深入开展教育培训工作，提高农民节约资源、保护环境的自觉性和主动性。完善农业资源环境监测网络，开展农业面源污染例行监测，做好第二次全国农业污染源普查，摸清农业污染源基本信息，掌握农业面源污染的总体状况和变化趋势。紧紧围绕"一控两减三基本"的目标任务，依托农业面源污染监测网络数据，做好省级农业面源污染防治延伸绩效考核，建立资金分配与污染治理工作挂钩的激励约束机制。探索构建农业绿色发展指标体系，适时开展部门联合督查，对农业绿色发展情况进行评价和考核，压实工作责任，确保工作纵深推进、落实到位。坚持奖惩并重，加大问责力度，将重大农业农村污染问题、农村人居环境问题纳入督查范围，对污染问题严重、治理工作推进不力的地区进行问责，对治理成效明显的地区予以奖励支持。

四、苏州市吴中区生态振兴的案例分析

（一）吴中区乡村振兴中生态文明问题的成因

1. 共性原因

同全国其他地区一样，苏州市吴中区的城乡二元结构是在全国统一的

计划经济体制下形成的，而城乡一体化改革发展也是在全国统一改革开放和城镇化背景下进行的。所以，上述问题的产生就带有全国大背景的烙印。

（1）破除城乡二元结构的艰巨性。二元结构形成于 20 世纪 50 年代开始的计划经济体制时期，经过多年的演变和强化，几乎已经到了根深蒂固、积重难返的地步。由于其中所包含的利益关系，要打破这种经济和社会结构，我们不仅需要转变观念，还需要进行物质投入。这是一个缓慢的长期过程，在此期间必然会遇到各种各样的问题，同时所进行改革决策和执行的难度必然增加，而要克服这种阻力并不能仅依靠行政手段。这种改革阻力存在于全国各地，苏州也不例外 ①。

破除城乡二元结构的艰巨性还表现在资金投入上。为了推进改革，政府不仅需要调整城乡关系政策，向"三农"倾斜，还需要进行巨额资金投入。为了实现城乡发展，我国就要让占人口多数的农民能够平等享受与城镇居民相同的经济和社会待遇，由此需要的资金投入必然是一个天文数字。虽然改革开放以来，我国社会财富大大增加，综合国力不断提升，各级财政收入也大幅度增加，但是面对这种资金需求，政府仍然压力巨大。这就决定了城乡发展过程中，政府必然面临巨大的压力，即使是苏州这样的经济大市、强市也不例外。

（2）快速城镇化的影响。苏州的城乡发展是在全国城镇化和城乡一体发展的大背景下进行的。2002 年，党的十六大把推进城镇化确定为我国发展的一大战略，促使全国从上到下掀起了城镇化运动的高潮。回顾从那以来的城镇化进程，其成绩是明显的，但是依然存在速度过快、工作过粗、质量不高等问题，以及主要追求规模扩张、摊大饼、占用和耗费土地等资源过多，人口城镇化速度相对较慢，农民工市民化问题没有得到很好解决等矛盾 ②。城乡发展推进本就是一个长期过程，需要巨额投入，如果速度过快，单位时间内的投入力度必然更大，必将由此带来资金等物质投入方面的不足和制度创新方面的滞后，带来生态文明建设的不和谐。"全国快速

---

① 白雪秋，聂志红，黄俊立．乡村振兴与中国特色城乡融合发展 [M]．北京：国家行政学院出版社，2018:75.

② 夏永祥，陈俊梁．城乡一体化发展：苏州实践与特色 [M]．北京：社会科学文献出版社，2017:104.

城镇化大背景和趋势也同样影响到了苏州，上述做法和问题在吴中区城乡发展中也不同程度地存在，并由此引发了其他一些问题和矛盾。[①]"

（3）中央和地方的权力分配关系。中央和地方的权力分配关系一直是我国行政管理中的一个难题。虽然经过多次改革与演变，但是从整体上看，在我国的行政管理中，中央集权程度较高，地方政府的决策权较小，更多的是在中央统一决策下继续进行改革和发展管理活动。改革开放以来，在经济特区和一些示范区等特殊区域，中央也曾赋予地方政府较大决策权，但是这些地区的范围较小。这种管理体制必然会影响各地的城乡一体化改革和发展过程。"如果中央没有相关的制度创新与改革决策，地方政府往往没有勇气和胆量打破旧制度。"苏州发展中的制度创新很大程度上受到全国改革进程的制约，单靠自己的力量无法突破。

2. 苏州吴中区的特殊原因

除了以上共性原因以外，苏州的特殊市情和吴中区的特殊区情也是导致问题产生的原因。

（1）率先发展的压力。改革开放以来，苏州的经济和社会发展一直走在全国前列，由此形成了独具特色的苏州道路，它的重要特点之一就是"创新和率先"。中央领导多次鼓励江苏省、苏州市实现这两个目标。在这种背景下，苏州市的历届政府和各级领导都把"两个率先"作为发展的总目标，无论是时间表的确定，还是指标值的确定，都远远快于和高于全国其他地区。吴中区作为苏州城乡发展的先导，必然要提出一些高指标、高速度、高标准，也难免会存在工作较粗、资金压力大的问题。

（2）人口过多的制约。吴中区土地肥沃，风调雨顺，在农业社会，单位面积土地所承载的人口多，人口密度大，是全国人口密度最大的地区之一。在乡村振兴进程中，土地在短期内被大量征用，导致急剧减少，缺乏替补和储备潜力。特别是企业转型升级创造了大批就业岗位，吸引了外地劳动力大量进入，人口总量暴涨，对土地和环境造成了巨大压力，超过了其承载力，造成了土地短缺、环境污染等问题。

（3）苏南模式的惯性和依赖。苏州作为苏南模式的主要发源地和代表，改革开放以来，在政府和市场的关系方面，始终呈现出强政府和弱市

---

① 夏永祥，陈俊梁.城乡一体化发展：苏州实践与特色[M].北京：社会科学文献出版社，2017:106.

场的格局，在以后的改革中这一特点不仅不会完全消失，而且会在新的形势下以强大的惯性和新的方式延续。我国虽然在理论上确立了社会主义市场经济体制，强调要让市场发挥基础性调节作用，但实际上，吴中区在发展中始终是政府主导着发展进程。无论是发展目标的明确、发展目标的实现，还是发展路径的选择，都由政府决定，市场的作用自然会受到限制。

（二）吴中区破解乡村振兴生态文明问题的基本原则、路径和对策

1. 破解乡村生态文明问题的基本原则

（1）本土性原则。本土性原则是指生态文明建设必须从本土的人文地理环境和经济社会环境资源实际情况出发，走适合本土的生态文明建设之路。吴中区地处长江三角洲富饶地区，又是沿海经济发达地区之一，生态保护、环境建设和经济建设发展都走在全国前列。特殊的区情决定了其在乡村振兴生态文明建设过程中必须坚持本土性原则，因地制宜坚持生态优先、保护为主的发展理念，严守生态保护区域红线。同时，在吴中区的乡村建设过程中，村庄整治不能一刀切，要根据不同区域和村庄类型进行。根据吴中区特殊的乡土文化，生态文明建设要保留吴中区本土特色，保障吴中区的乡土气息不被破坏，坚持绿色发展之路，打造"山水苏州，人文吴中"的绚丽名片，书写小康路上的"吴中特色"[①]。

（2）整体性原则。整体性原则是指生态文明建设必须坚持整体性的建设战略，实行区域一体化规划，同时建设主体协同合作，整体性推进生态文明建设。"天堂"之美在于太湖美，吴中区要把生态文明建设放在突出的战略地位，按照吴中区生态文明建设总要求布局，推动生态文明建设与经济、政治、文化、社会建设紧密结合、高度融合，以推动绿色、循环、低碳发展为基本途径，把生态文明建设融入乡村振兴总体设计中。同时，吴中区要跳出全凭自我发展的局限思维，把自己置身于苏州发展大局——"一带一路"长江经济带、长三角区域发展一体化中，先后确立"发展保护两相宜、质量效益双提升"的发展思路和"一核一轴一带"生产力发展布局；更加注重优生态、惠民生、兴产城、善治理，走出一条充分体现特色，凸显优势的绿色发展之路[②]。

---

① 戴晓东.现代化进程中的吴中生态文明建设研究 [M].苏州：古吴轩出版社，2014:57.

② 盛峥.吴中：守护"天堂之美" 发力"绿色崛起"[N].新华日报，2018-10-23(15).

（3）可持续性原则。可持续性原则是指生态文明建设一方面必须坚持经济可持续、社会可持续和生态可持续三者统一原则，另一方面必须坚持生态文明建设的持续投入、持续推进，不停步地朝着生态文明目标迈进。乡村生态文明建设不仅是生态环境的改善，还是实施可持续发展战略的需要。吴中区生态环境建设虽然取得了重大成绩，但是与生态文明建设的要求相比仍然存在一定的差距。太湖蓝藻事件表明仅仅达到指标体系规定水平还不能从根本上改善环境。生态文明是构建社会主义和谐社会的硬指标。高水平的发展和高水平的保护是吴中区贯彻的发展理念，而其实际应坚持发展保护两相宜，质量效益双提升，跳出对山水人文资源的消耗依赖，建立友好和谐的人与自然关系。持续发展之路是吴中区立足区情实际，着眼长远发展的永恒主题。特别是党的十九大报告提出了人与自然和谐共生，对生态资源丰富、特色鲜明、独具优势的吴中区来说，将会有更多的机会可以争取和把握。

（4）生态正义原则。生态正义原则是指生态文明建设必须坚持人与自然和谐共生，协同进化。建设生态文明不仅要发展绿色经济、建设绿色社会和绿色环境，满足人们的美好生活需要，还要积极主动补偿生态系统健康可持续发展的生态需要，不仅要有利于人与人的和谐，还要有利于人与自然的和谐。吴中区在建区时就树立了生态优先、生态环境与经济协调发展的理念。以创建国家生态示范区为目标，吴中区在探索生态农业、生态旅游、生态修复、环境污染治理及以农村生态经济协调发展方面做出了积极努力[①]。经过十多年的发展，吴中区已全面走进太湖时代，区域面积40%以上属于太湖一级保护区，具有保护生态和发展生态双重使命，责任重大。吴中区要严格落实主体功能规划，在绿色发展生态文明建设行动中坚持生态优先、保护为主发展理念，遵守生态正义原则，而严守生态保护区域红线不跨越是吴中区生态保护的首要任务。

（5）效益统一原则。效益统一原则是指生态文明建设必须坚持经济效益、社会效益和生态效益三者的统一，坚持眼前效益与长远效益的统一，坚持城市与乡村以及三产发展效益的统一。大自然赋予了吴中区独特的山水资源，也赋予了它沉甸甸的责任担当，吴中区坚持把保护生态环境，建

---

① 唐晓东.释放环太湖地区"金山银山"生态红利[N].苏州日报，2018-10-08(2).

设生态吴中作为转变经济发展方式的重中之重，推动产业生态化转型，促进经济效益与生态效益同步提升。环保优先，生态立区，走协调可持续的绿色发展之路，必然要求三大产业坚持协调发展、效益统一原则。

吴中区应发展生态农业，助推农业转型升级；发展生态工业，助力高新技术产业；发展生态旅游中心，助兴现代服务经济。吴中区于 2001 年建区时的国民生产总值（GNP）为 122.2 亿元，2010 年突破 600 亿元，2015 年达到 950 亿元，每年的增长比例均超过 7%。2015 年，吴中区被国家正式批准为国家级生态保护和建设示范区。

2. 破解生态文明问题的主要路径

（1）政府化路径。政府是生态文明建设最重要的主体。生态文明建设作为一个系统工程，要坚持政府的主导作用。当地政府应深刻领会贯彻落实党的十九大和习近平总书记重要讲话精神，以"天堂之美在于太湖美"为目标定位，按照市委、市政府"四个百万亩"部署要求，深入实施吴中区十大生态文明建设工程。同时，吴中区还需全面推进水利建设、污水建设、垃圾分类、资源再生利用等各项工作；立足本区丘陵多、山地多、林地多的区情实际，大手笔规划，大面积建设参与性、互动性强的旅游生态林，完善生态文明建设制度。吴中区要深入理解和落实生态文明理念，打响"绿色吴中"的特色品牌。

（2）市场化路径。市场或企业是生态文明建设的重要力量，生态文明建设需要依靠市场来推进。吴中区要加快形成政府主导、市场运作的投入机制，充分发挥市场的"无形之手"作用，创新投资方式，拓宽融资渠道，基于经营的理念组织实施村庄整治活动。当地各镇村要拓宽思路，充分运用市场机制，广泛吸纳社会资金，积极探索个人资本参与企业投资经营、共建共享等方式，助力乡村生态文明建设整治和后期管理的持续开展。吴中区需加大农村金融服务的支持力度，研究制定相关优惠政策，创新金融产品，鼓励和引导社会资本参与村庄整治建设；在巩固乡村生态文明建设整治成果的过程中，积极探索管养分离的市场化运作新模式。

（3）社会化路径。生态是公共财富，生态文明建设是重大民生工程，无疑需要全社会共同参与。全社会应当大力宣传生态文明理念，强化生态危机意识，开展生态文明宣传活动，提高群众资源环境意识，切实形成尊重自然，爱护自然，人人参与环境保护的良好社会氛围。吴中区应全力抓好图书馆、文化馆、档案馆以及规划展示馆、吴中区会议中心、青少年活动中心的"四馆两中心"等文化基础设施建设，逐步建立完善的生态环境教育中心，加强对生态文化信息资源的收集、整理和传播。当地应从政府、社会和公众三个层面入手，通过生态文明教育、生态文明意识宣传以及生态文化建设，促使人们整体生态文明意识提升。

（4）家庭化路径。家庭是生态文明建设的绿色细胞，是生态文明建设不可忽视的重要力量。吴中区要积极健全公众参与机制，以"生态吴中在行动"为载体，开展生态文明理念进社区、进家庭活动，以家庭为单位开展生态保护在身边活动，鼓励家庭生态环保，努力让家庭生态发展成为一种自觉的发展模式。另外，其应让绿色出行、绿色居住、绿色生活成为家庭中每一位成员的自觉行动，让人们在积极参与生态文明建设的同时，提升生态环保理念，促进家庭和谐发展，享受吴中区生态保护的红利。

（5）个体化路径。个人是生态文明建设的重要主体，只有每个人关心、支持和参与生态文明建设，才能营造出人人参与绿色发展的环境，构建一个生态和谐美丽的家园。吴中区位于太湖之滨，地处太湖生态保护核心区，东山镇、金庭镇、光福镇、临湖镇、香山街道等环太湖一线区域，更是承担着保护太湖水环境、确保苏州城区饮用水水源地安全的重任。同时，吴中环太湖区域遍布重要生态功能区。因此，当地生态发展要因地制宜，立足区情，坚持科学治理太湖，铁腕治理污染的方针；坚持环保优先，生态立区，绿色发展的理念，探索个体化生态文明建设路径。同时，吴中区还应通过提升个人的生态素养和生态文明建设能力，积极参与人与自然的和谐共生，加强个人生态实践和生态监管，不断提升生态文明成效[①]。

3.破解生态文明问题的应对之策

（1）加强生态文明教育。生态文明建设人人有责。首先，政府应建成生态型政府，在全社会推进绿色教育，确立生态文明观念。政府应在生态文明素质上实现自我教育、自我约束和自我提升，在全社会树立良好的生态环保形象，对社会公众产生强大的辐射力和示范效应。其次，企业应成为生态文明建设者，在经营过程中树立牢固的生态文明观。自觉承担社会责任的企业，才可能被社会认同，才能被群众信服，才能实现长期的社会

---

① 苏州市吴中区现代农业协会.生态吴中美丽镇村[M].苏州：古吴轩出版社，2017：52.

价值和经济效益。最后，公众应成为生态文明建设的主动参与者。政府应动员社会公众参与，从日常生活点滴做起，支持环保社会组织开展生态文明课题研究等活动，发起绿色主题行动，制定行动方案，借助社会公众参与的自发力量，开展有目的、有步骤的生态文明宣传活动。生态文明理念推广是社会主义生态文明素质教育的重要组成部分。生态文明教育不应局限于学校教育，应走向更为广阔的社会教育，拓展教育的主题，形成自发的由下而上的巨大推力，以更快、更好地强化全社会的生态文明意识。政府应以生态文明宣传教育为手段培养全社会的生态意识①。

（2）完善生态文明制度。按照习总书记提出的生态文明建设的构建设想，政府应全面建立和完善生态文明制度。党的十九大报告提出，要提高污染排放标准，强化排污者责任，健全环保信用评价、信息强制性披露、严惩重罚等制度；构建政府为主导、企业为主体、社会组织和公众共同参与的环境治理体系。我国应积极参与全球环境治理，落实减排承诺，把生态治理纳入法制化轨道，建设有中国特色的生态文明制度；应基于完整的法律体系进行生态文明建设管理，用法律手段解决生态利益纠纷，调控经济利益、政治利益、文化利益等与生态利益之间的冲突与矛盾，使生态文明建设步入规范化轨道，营造良好的生态文明环境。法律制度是社会和谐运转的重要保证，而生态文明制度是调节社会关系，促进社会和谐的有效手段。在此基础上，吴中区要加强生态文明法治建设，强化环境责任追究，维护生态平衡，促进生态和谐，全力保障生态利益，践行可持续发展理念。

（3）推进农业绿色转型。为确保经济持续健康发展，吴中区政府需将生态文明融入经济建设全过程，着力创新生态技术和工艺，优化产业结构，发展以低碳为特征的生态农业。生态农业是生态文明建设的重要支柱，如果单纯强调生态建设，而忽视经济建设，生态文明建设就会因失去支撑而没有生命力。生态文明建设应以经济建设为中心，推进科技创新，坚持调整和优化经济结构。加强能源资源节约，促进环境效益和经济效

---

① 白雪秋，聂志红，黄俊立．乡村振兴与中国特色城乡融合发展[M]．北京：国家行政学院出版社，2018:57.

益互融兼收。吴中区政府着力推动全区进入农业绿色发展、循环发展的轨道[①]。

（4）促进公众生态参与。公众作为人类历史发展的主体，应该在生态文明建设和保护环境方面发挥积极作用。生态文明建设和环境保护的参与主体不能只局限于国家政府部门，还应包括社会群体，如社区企业、民间团体等。政府不能仅依赖传统的立法监督，还应涉足听证会制度、公益诉讼制度和志愿者服务等。保护环境是基本国策，而公共参与则是保护环境，推动生态文明建设的重要手段。要健全举报制度，政府需建立健全环境保护网络举报平台，健全相关制度，促进公众监督企业的环境行为。政府应创造更好的条件方便群众的生态参与，激发群众参与生态保护的积极性。

（5）养成生态素养和绿色生活方式。生态文明素养是一个综合性指标，包括两个方面：一方面是指人们对环境问题和环境保护的认识水平和程度，即"知"的水平，另一方面是指人们保护环境的行为取向和具体行动，即"行"的水平。因此，生态文明素养更多的是强调知行合一[②]。政府要积极宣传生态文明理念，营造浓郁的区域生态文明氛围，让生态文明意识入家入户，培育生态文化宣传教育基地，共享共建生态文明，唱响时代主旋律，弘扬社会生态文明理念和社会正能量，提升群众生态素养。政府应积极带头使用绿色新能源产品，绿色出行；引导群众树立绿色发展、共享共建的新时代发展理念。生态文明建设关乎每个人的切身利益，群众生态文明素养的提升和绿色生活习惯的培养归根结底还得靠人们自觉、自发、自愿。公众应自觉参与到生态文明建设中，为实现乡村振兴、美丽吴中贡献自己的一份力量。

---

① 戴晓东.现代化进程中的吴中生态文明建设研究 [M].苏州：古吴轩出版社，2014:70.
② 韩春香."美丽中国"视阈下生态文明建设的理论与路径新探 [M].北京：中国水利水电出版社，2018:114.

第三节　乡村文化振兴及其实践案例分析

一、乡村文化的历史轨迹

文化有着丰富的含义。广义的文化包括价值、道德、习俗、知识、娱乐、物化文化（如建筑）等，狭义的文化主要包括知识、娱乐等，但贯穿价值、道德、习俗等思想元素。总体上看，文化属于观念形态，是对人的精神的塑造。文化具有特殊的力量，能够提升人的认识，形成相互联结的精神纽带；能够凝聚人心，使人们在共同的文化活动中消解困顿，赋予生活以意义、价值和快乐。我国有着数千年的农业文明传统，并创造了灿烂的农业文明。在漫长的农业文明时代，整个社会是一个以乡土为根基的社会，社会的精神文化体系是以乡土为基础形成的。无论人们走多远、位多高，其"根"在乡村，"魂"在家乡。费孝通先生将传统中国称为"乡土中国"。"乡土中国"的含义不仅仅在于农业生产，还在于整个社会以农为本。社会的农本价值系统为人们生活在农村提供了行为依据，使人们只有生活在乡村才能寻找到人生的终极目的和意义。与此同时，乡村有各种各样的文化活动，人们在极具乡土气息的文化活动中获得辛勤劳作后的快乐，身心得到一定程度的愉悦，使其乐以忘忧，从而延续自己从事农业生产的人生。从华中师范大学中国农村研究院的"深度中国调查"看，传统农村有着丰富的文化生活形态。总体上，乡村文化为乡村生活赋予了价值和乐趣，使人们愿意在乡村生活和劳作，促成了安于乡村生活的习俗，由此创造了丰富灿烂的农业文明。美国的汉学大家费正清对此有深刻感受，在他看来，"对一个享有较高物质生活水平的美国人来说，使他感到惊异的是中国农民在这样困苦的生活条件下，竟能维持一种高度文明的生活。问题的答案在于他们的社会习俗，这些习俗使每个家庭的人员按照根深蒂固的行为准则经历人生的各个阶段和变迁。这些习俗和行为准则一向是世界上最古老而又最牢固不变的社会现象"。

20世纪以来，我国快速进入现代化进程。现代化以城市为中心，与日益兴盛的城市相比，乡村日渐衰落。在马克思看来，"城市已经表明了人口、生产工具、资本、享受和需求的集中这个事实；而在乡村则是完全相反的情况——隔绝和分散"。列宁认为："在工业化时代，城市是经济、政治和人民精神生活的中心，是前进的主要动力。"在工业化、城市化时代，城乡地位的翻转造成乡村衰落，其标志不仅仅体现于物质形态，更在于精神文化形态，而重要特点是乡村"丧魂落魄"，以及农本价值的解体。乡村不再具有传统社会那样的价值优越感，反而被视为"落后"，属于"问题"的范畴。

20 世纪上半叶，梁漱溟先生面对城市化进程中的乡村衰败现象深感忧虑。在他看来，当时严重的农村问题从根本上说是"文化失调"，都市导向破坏了传统的风俗习惯和道德规范这一中华文明赖以存在的基础，且都市化会造成中华文明"失根""失魂""失血"。只有复兴"以农立国"的中华文明，进行文化重建，才能为解决农村农民问题寻求一条出路。为此，他提出了乡村建设，其基本任务就是依靠乡村自治，创造一种以理性和伦理为基础的新团体组织，由此推动经济、政治与社会的全面进步。

在世界工业化、城市化的大趋势下，梁漱溟先生的主张显然不合时宜，他的实践也屡屡遇到挫折，他本人也为之叹息："工作了九年的结果是号称乡村运动而乡村不动。"但是，梁漱溟先生对于工业化、城市化进程会造成农本价值解体，使农村农民被遗弃，农民难以在乡村生活中获得价值、意义和乐趣的担忧是值得重视的；他希望通过文化重建，重建乡村价值和乐趣的思路也是有积极意义的。1949 年中华人民共和国成立后，大规模工业化得以启动，他还建言献策，建议不能在工业化进程中忘记了农村、忘记了农民。

20 世纪后期，我国历经艰难曲折，终于解决了十多亿人的温饱问题，从而步入大规模和快速度的工业化、城市化进程。这一进程无疑使得包括广大农民在内的全体中国人从中受益。但在工业化和城市化进程中，城乡差别日益突出，农业农村农民问题成为全面建设社会主义现代化国家工作的短板。问题的表现是多方面的，其中一个重要方面是现有的精神文化系统难以使人们在农村生产和生活中获得足够的意义感、幸福感和快乐感。面对现代化的城市崛起，农村不再是一个充满希望和快乐的地方，而只是不得已的栖息之地。

当下，大量年轻人"义无反顾"地离开乡村，走向城市，其重要原因是缺乏"义"。在乡村务农除了收入不高以外，更重要的是会被认为"没本事""没能耐"。根据笔者及所在机构的调查，当下农村的性别结构严重失衡。大量青年女性奔向城市、落户城市，农村青年男性娶妻难，只得背井离乡，脱离土地。一部分外出务工人员返乡后最大的不适应是文化的匮乏和心灵的空虚。他们的返乡是一种不得已的行为，但凡有机会有条件，便不会像祖辈那样自愿"叶落归根"和向往"回归乡里"。

党的十九大提出的乡村振兴战略是解决工业化和城市化进程中城乡差别问题的重要举措，而城乡差别不仅在于物质差别，还在于文化落差。要振兴乡村，我们首先要振兴人的精神文化。因此，在乡村振兴中，文化振兴比任何时候都更为紧迫。近些年，习近平总书记高度重视农村农民问题，非常关注乡村的价值，提出要记得住"乡愁"。2018年3月，习近平总书记第一次提出乡村文化振兴的理念，具有很强的针对性，是对乡村振兴战略的深度思考，反映了现阶段我国农村精神文化领域面临的突出矛盾。一是农村初始改革主要解决的是吃饭问题。随着物质生活由温饱转变为小康，文化小康被提上议事日程。在绝大多数农村人口解决温饱问题以后，依然存在的问题是物质生活与文化生活之间的不对称，物质获得感与文化获得感的不均衡。在相当多的地方，人们富了口袋，穷了脑袋。总体上看，随着物质生活的改善，农村人口对美好文化生产的需求在迅速增长。二是原有的乡村文化体系所依托的条件发生变化。传统乡村社会的意义在于有一整套文化体系及其依托。例如，在集体化时代，集体劳动、集体娱乐盛行，与此同时，虽然物质贫穷但有文化赋予的存在意义。农村改革以后，实行分户经营，集体公共文化供给缺乏物质基础和组织依托。人们难以通过集体文化消解家户经济单位内生的冲突和矛盾。在物质匮乏时期，人们的文化生活相对简单。随着物质生活的充裕，人们的精神文化生活需要增多，变得更为丰富。当今的农村人口质量正在发生历史性的变化。这是因为义务教育普及使农村人口的知识水平有了一定程度的提高，全球化使农村成为"全球村"，农村进入信息社会，农村人口的视野前所未有地开阔，其文化生活需要迅速地丰富。

乡村振兴是一个需要长期努力的战略目标和系统工程。在推进乡村振兴战略中，文化振兴可以满足人们日益增长的美好文化生活需求，益于人们在乡村劳作和生活中获得意义感、幸福感和快乐感，可以稳住人心、稳住人口，使农村拥有吸引力和凝聚力，从而为乡村振兴创造主体条件。近年来，春节期间大量人口由城市涌向农村，其重要因素之一是农村更有集体喜庆的"年味"和群体性记忆的"乡愁"。这说明在城乡差别长期存在的当下，乡村文化振兴具有一种特殊的力量，能够缓解甚至解决因为物质条件差别造成的乡村生活意义感、幸福感、快乐感缺失的问题。

二、乡村文化振兴的实施路径

促进乡村文化振兴，要从提高文化自信与文化自觉、加强农村思想道德建设、丰富符合农民精神需求的公共文化产品供给、培育挖掘乡土文化人才、培育乡贤文化等方面着手。

（一）提高文化自信与文化自觉

振兴乡村文化首先需要提高人们的文化自信与文化自觉，从中华文明发展史的视角去认识、重构当前的乡村文化。中华文明根植于农耕文明，中华传统文化的主体扎根于乡村。从我国特色的农事节气到大道自然、天人合一的生态伦理；从各具特色的宅院村落到巧夺天工的农业景观；从充满乡土气息的节庆活动到丰富多彩的民间艺术；从耕读传家、父慈子孝的祖传家训到邻里守望、诚信重礼的乡风民俗等，都是中华文化的鲜明标签，都承载着华夏文明生生不息的基因密码，彰显着中华民族的思想智慧和精神追求。但是在今天，当我们谈传统文化的时候总会夸大传统文化的抽象概括性意义，而忽略这种文化所产生的历史条件和社会土壤，淡忘传统文化的根基。因此，振兴乡村文化须发掘和总结历史资源，重新审视乡村文化，"乡村文化价值的重建就是以现代人的视角、现代化的眼光对乡村文化的回望和致敬，是当代人对乡村文化的反哺与滋养"。在全面建设社会主义现代化国家进程中，我国必须统筹城乡，注重协调发展，重视农村与城市空间上的差异，农民与市民职业上的区别，农业与工业产业上的不同。在乡村振兴中，"如何让乡土文化回归并为乡村振兴提供动力，如何让农耕文化的优秀精华成为建构农村文明的底色，是摆在我们面前具有重要现实意义和深远历史意义的时代课题"。中华优秀传统文化是我们的根和魂，我国要重视原有的乡土性文化，促使农村生活文化的保护与自我更新，将其和现代文化要素结合起来，赋予新的时代内涵，让其在新时代展现独有魅力和风采，凸显农村文化建设的价值与意义，与城市文化相映生辉。

（二）加强农村思想道德建设

加强农村思想道德建设，需要坚持教育引导、实践养成、制度保障三管齐下，采取符合农村特点的有效方式，加强中国特色社会主义和中国梦宣传教育，大力弘扬民族精神和时代精神。

一是要发展和壮大农村党组织，充分发挥其在乡村振兴中的领导作用；党支部书记和村委会主任是乡村的"关键少数"，应践行社会主义核心价值观，做到公道正派、清正廉洁，身体力行地为百姓做好示范；同时，党中央应对侵犯农民利益的"微腐败"加大查处力度。2017年底，中共中央办公厅、国务院办公厅印发《关于建立健全村务监督委员会的指导意见》，强调加强对农村干部的监督。根据村民自治章程、村务监督意见，我们须加强农村法治建设和协商民主建设；因地制宜推进农村产业发展，完善公共服务体系，促进农业增效、农民增收和农村繁荣，贯彻社会主义核心价值观。新形势下的各种新型农村合作社等村社集体经济发展，能积极为集体成员解决生产生活中的诸多困难，使其树立集体主义、社会主义思想。基层组织与驻村干部应该顺势加强思想引导，增强农民对国家意识形态的认同。

二是应深入挖掘农耕文化蕴含的优秀思想观念、人文精神、道德规范，充分发挥其在凝聚人心、教化群众、淳化民风中的重要作用。所谓"天下之本在家"，即"尊老爱幼、妻贤夫安，母慈子孝、兄友弟恭，耕读传家、勤俭持家，知书达礼、遵纪守法，家和万事兴"等中华民族传统家庭美德，是家庭文明建设的宝贵精神财富。伦理道德、村规民约、风俗习惯是乡村治理的重要载体，也是乡村文化建设的重要手段。"传统的乡村文明是有纲领、有价值观基础、有内在灵魂的，其倡导孝父母、敬师长、睦宗族、隆孝养、和乡邻、敦理义、谋生理、勤职业、笃耕耘、课诵读、端教诲、正婚嫁、守本分、尚节俭、从宽恕、息争讼、戒赌博、重友谊等内容。这些乡风乡筬均是从孝扩展到忠，从家扩展到国，是一个完整的文化谱系。"乡村通过族群认同达至国家认同，维系乡村社会和谐稳定。以王阳明《南赣乡约》、朱熹《朱子家礼》、吕氏四贤《蓝田乡约》等为代表的乡约圭臬，曾在传统乡村社会治理中发挥不可替代的作用。我们要依托中华传统文化，挖掘农村传统道德教育与乡规民约资源，重建社会主义核心价值观支撑的乡规民约和乡村道德体系，实现乡村自治、法治与德治相结合，构建乡村良性发展秩序。

三是要积极引导宗教与社会主义相适应。我们应加强科学世界观和无神论宣传教育，普及科学知识，抵制各种迷信活动，提高群众的科学文化素质，并在宗教影响较深的地区进行重点疏导。同时，我们还应重视宗教文化的双重性，强化其积极因素，抑制其消极因素，防止宗教意识偏狭化和绝对化，积极引导信教公民热爱祖国、热爱人民，维护祖国统一，维护中华民族大团结和社会主义公德，遵守国家法律法规，自觉接受国家依法管理。

（三）丰富符合农民精神需求的公共文化产品供给

"多一个球场，少一个赌场；多看名角，少些口角。"乡村急需补齐文化短板，完善文化基础设施，而公共文化资源需重点向乡村倾斜，为农民群众提供更多、更好的农村公共文化产品和服务，让健康的公共文化生活填补农民群众的闲暇时间，使他们在文化实践中丰富精神文化生活。文化供给要有效利用乡土文化资源，重内涵、重品质、重效果。比如，浙江不少农村将闲置的传统旧祠堂、旧戏台加以利用，通过翻修改造，结合当地传统民俗文化来建设农村文化礼堂。这些文化礼堂不仅配有村史乡约的介绍，还经常举办文娱、宣讲、礼仪、议事、美德评比等活动，为农村群众打造了集思想道德教育、文体娱乐、知识普及于一体的活动乐园和精神家园，成为当地新的文化地标和村民的精神家园。乡村的公共文化场所首先应该是吸引老百姓去的活动场所，可用于广泛开展农民乐于参与的群众性文化活动，占领和巩固广阔乡村的思想文化阵地。一些地方通过建立庄户剧团、成立曲艺班社、组织歌舞竞赛、经营杂技场子、参与节日游艺、倡导体育健身等，寓教于乐。散发着浓郁乡土气息的地方戏是乡村文化的重要载体，它讲的是当地老百姓生活中的人和事，剧中人物的语言、行为方式等也带有浓郁的地方特色，有着其他艺术门类无可比拟的亲民性与生动性，是百姓重要的精神食粮，理应当好乡土文化的表达者，为乡村振兴注入文化动能。对具有生命力的地方戏进行必要的梳理、提炼与再创造，从乡土生活中积累丰富的创作素材，充分展现当代中国乡村的良好面貌，讲述好当代中国乡村的故事，可激励农民群众投身变革时代的中国乡村建设。我们要鼓励农民种好自家门口的"文化田"，将本地的剧、曲、舞、乐、歌等作为娱乐审美的主要手段和精神生活的重要依托，收获属于农民群众自身的快乐。起源于浙江丽水的乡村春晚就是一个范例。它是春节期间农村群众自办、自编、自导、自演的一台联欢晚会。这个既"土得掉渣"又不乏现代气息的农家秀弘扬了社会主义核心价值观，聚人气、接地气，是传承农村优秀传统文化、锻造农民文化自觉和文化自信的重要抓手。在文化和旅游部的大力推动下，乡村春晚开展了"百县万村"大联动。

农村普及的大众媒介以电脑、智能手机和电视为主。2016 年，习近平总书记在网络安全和信息化工作座谈会上强调："网络空间是亿万民众共同的精神家园。"建立良好的网络生态符合绝大多数人的利益，所以我们要积极发挥网络在引导舆论、反映民意上的作用。为打通基层信息传播的"最后一公里"，激活农村的"神经末梢"，党中央加强农村网络基础设施建设，铺设了组织化"信息公路"。同年 10 月，中央网信办、国家发展改革委和国务院扶贫办联合下发了《网络扶贫行动计划》，在农村贫困地区建立网络扶贫信息服务体系，并将其纳入国家精准扶贫计划体系。针对农村文化信息量严重不足问题，一些农村地区尝试建立了以村民为基本单位的 QQ 群、微博、微信公众号和 App 等平台，便于村干部与村民之间的网上交流，而这样既构建了党建统领、共建共享的农村治理新体系，又丰富了文化建设的内容。

（四）培育挖掘乡土文化人才

农村是文化资源的宝库，所以我们需要深入挖掘、继承、提升优秀传统乡土文化。一是留住具有农耕特质、民族特色、地域特点的乡村物质文化遗产，加大对古镇、古村落、古建筑、民族村寨、家族宗祠、文物古迹、革命遗址、农业遗迹、灌溉工程遗产等的保护力度。二是要让活态的乡村文化传下去，深入挖掘民间艺术、戏曲曲艺、手工技艺、民族服饰、民俗活动等非物质文化遗产，并把有效的保护传承与适当的开发利用有机结合起来。这些具有地域特色差异的文化遗产、乡土风情提升了地方的文化品位、发展格调、知名度、美誉度，是特色文化产业的重要资源，也是农民增收的重要渠道。我们要把这些丰富多彩的农村文化资源管理好并进一步盘活，使之成为有品质的与现代生活、现代审美相契合的文化创意产业、特色文化产业、乡村旅游产业。

惠及乡民需要文化人才。为解决乡村文化建设人才短缺问题，我们需要大力培育挖掘乡村文化建设的主体。一是鼓励大学生村官、"第一书记"等驻村干部参与文化建设。国家有关部门应在文化支农渠道搭建、内容引导、统筹组织方面给予引导和帮助，以便他们更好地开展、协调农村文化活动。二是有计划地培养当地的"草根文化队伍"，为农村群众文化事业发展注入新鲜血液。乡村文化建设绝非简单地输入，而是要在田野上、村庄中找回文化发展的内生动力，这就要充分发挥广大农民作为文化建设者的主体作用，调动其文化建设的热情，使其在文化建设中增强文化认同感。体量庞大的支农资源的输入，以及基础设施建设与农业新业态产业发展，吸引了大学生与外出经商、务工的青壮年农民返乡创业。党的十八大以来，与乡村文化建设相关的文件密集出台，如《关于支持戏曲传承发展的若干政策》《重要农业文化遗产管理办法》《关于推动文化文物单位文化创意产品开发的若干意见》《中国传统工艺振兴计划》等，为乡土文化人才从事文化建设提供了前所未有的条件。基于此，我们要鼓励、激发和引导广大农民从各自实际与兴趣出发，自觉自愿地成为本地特色乡土文化的创造者、传承者、爱好者、拥有者、经营者、管理者、传播者，并探索地方文化人才培养的新模式，与高等院校、文化企业合作，定向培养地方文化急缺人才。文化传承与创新是教育的一项重要职能，所以我们应将"非遗"纳入所在地学校教学体系，融入学生的兴趣活动中，有计划地进行系统宣传和普及，探寻有效传承之道，培育文化遗产传承的土壤与人才。三是要借助社会力量，不仅让他们送文化，还"种文化"。鼓励文艺工作者深入农村、贴近农民，推出具有浓郁乡村特色、充满正能量、深受农民欢迎的文艺作品；更要用政策引导，以企业参与、社会合作的形式，让企业家、文化工作者、科普工作者、退休人员、文化志愿者等投身乡村文化建设，形成可持续的农村文化建设力量。

（五）培育乡贤文化

所谓乡贤，主要指乡村中德行高尚，在当地具有崇高威望的贤达人士。我国从宋代开始，乡贤就主导乡村治理。在传统社会中，乡贤文化集中体现了乡村的人文精神、道德风范，在宗族自治、民风淳化、伦理维系及激发乡土情感、维系集体认同感等方面起着无可替代的作用，其所蕴含的文化道德力量对推动乡村文明发展具有重要作用，因此从政府到社会，应大力倡导培育乡贤文化。一是重视历史上的先贤，把乡贤故居、遗址等纳入乡村文物保护范畴，挖掘当地乡贤故事，增强当地人民群众的文化自豪感，继承先贤精神，传承好家风、乡风。二是要积极培育和争当新乡贤，培育新乡贤文化，引导乡村社会见贤思齐、见德思义，促使新乡贤在乡村振兴中发挥正能量。目前，德高望重的退休还乡官员，耕读故土的贤人志士，农村的优秀基层干部，家乡的道德模范和热爱家乡、反哺桑梓的企业家等都属于"新乡贤"的范畴。地方政府可搭建乡贤议事平台，建立乡贤联络机制，促使乡贤与乡村信息互联互通，激发乡贤参与乡村建设的内驱动力。随着城乡统筹发展政策的落实，基础设施建设的推进，乡村人居环境得到了根本改善，所以既能留住本地的人才，又能推动离开乡土的高素质人才退休后返乡，为催生新型乡贤文化提供了可能，进而益于共同建设民淳俗厚、诗书传家、厚德重义、富足美满的新农村，重构新时代的乡村文化生态，使乡村文化成为整个中国特色社会主义文化富有生机和活力的重要组成部分，使乡村世界重新成为诗意栖居的美丽家园。

我国是大国，绝不可能成为"城市国家"。重塑城乡关系，走城乡融合发展之路，是党的十九大的要求。2018年"两会"期间，习近平总书记在广东代表团参加审议时提到"逆城镇化"。他强调："一方面要继续推动城镇化建设。另一方面，乡村振兴也需要有生力军。要让精英人才到乡村的舞台上大施拳脚，让农民企业家在农村壮大发展。城镇化、逆城镇化两个方面都要致力推动。城镇化进程中农村也不能衰落，要相得益彰、相辅相成。"在新时代，我们要大力改变乡村文明被不断边缘化的格局。乡村文化振兴决定着乡村振兴的效果和社会主义现代化的质量。这是一盘大棋，需要进行精心的顶层设计，需要政府、社会、农民群众的合力作为，需要扎扎实实、持之以恒的工作作风，尤其是要引导农民树立文化自信与文化自觉，形成文化自我觉醒、自我反省、自我创建意识，成为乡村文化建设创新的中坚力量，以实现文化自强。如此，乡村文化的振兴才有可能。

三、山东省沂南县北寨村文化产业振兴的案例分析

（一）北寨村的文化资源

北寨村位于沂南县城近郊，临山傍水，拥有深厚的历史文化底蕴和较为丰富的文化遗产遗存，具有实现空间合理更新重构的良好基础条件，具

备通过文化资源振兴的诸多可能和巨大发展潜力，可以作为文化振兴乡村项目的典型个案以供研究。

1. 沂南县文化资源情况

沂南县位于山东省东南部，跨经沂河水系，东靠蒙山，位于我国著名的革命老区根据地沂蒙山区内。沂南县面积约 2000 平方千米，南北长 50.8 千米，东西长 56.5 千米，东邻莒县，西连蒙阴县，南侧紧邻临沂市，北靠沂水县。沂南县距临沂机场 66 千米，沂南机场正在规划布局中，境内有三条高速公路与一条铁路，省道与国道十分畅通，交通便利，区位优势明显。

（1）物质文化资源情况。沂南县是三国时期著名军事理论家诸葛亮的诞生地，也是唐代著名政治家书法家颜真卿的祖居地。史载："阳都，临沂之上游，英贤辈出，烟水之胜，轶于江南！"距离北寨村 4 千米的诸葛亮文化景区面积广阔，建筑面积达 50000 平方米，吸引了众多游客前来了解历史。沂南县政府出资打造了极具影响力的汉式建筑群十二华里汉街，吸引了众多游客前来观光游览。在革命战争时期，沂南还是著名的红色革命根据地，是如今被人们熟知的沂蒙精神的发源地与诞生地、沂蒙红嫂精神的诞生地。革命战争时代苏鲁边区省委、山东分局、八路军一一五师、山东纵队、抗大一分校、山东抗日军政干部学校皆曾长期驻扎沂南，现有革命遗址、遗迹 182 处。

（2）非物质文化资源情况。沂南地区非物质文化种类多样，各具特色，根据主要特征大致可分为传统手工技艺、表演艺术和民间习俗三大类。传统的手工艺包含烙画、手指画、面塑、泥塑等传统美术，还有徐公砚雕刻、国槐茶制作以及兽油黑陶制作等。在革命战争年代，沂南是沂蒙革命根据地的中心，沂蒙精神始终植根于每个沂南人的内心。

21 世纪初期，沂南县政府组织专员对县内非物质文化遗产进行了整理分类，登记造册。同时设立非遗博物馆，免费为文化项目传承人提供学习和交流场所，进一步加强非物质文化遗产的传播与保护。沂南县非物质文化遗产种类繁多，据不完全统计高达上百项，市级非遗文化传承人 8 人，县级非遗文化传承人 50 余人。与此同时，非物质文化内容丰富，载体繁多，内容有神话、戏曲故事等，惟妙惟肖、生动传神，正是中华民族文化的精髓所在（表 3-1）。

表3-1 沂南县域市级非物质文化遗产保护项目一览表

序号	等级	名称	类型
1	市级	弦子戏	戏曲
2	市级	徐公砚	民间手工技艺
3	市级	少年诸葛亮的传说	民间文学
4	市级	茂积戏	传统戏剧
5	市级	周姑戏	传统戏剧
6	市级	景泰蓝金丝彩釉画	传统美术
7	市级	米酒制作技艺	传统技艺
8	市级	朱家林石屋石砌技艺	传统技艺
9	市级	潘氏正骨	传统医药

2. 北寨村文化资源情况

北寨村建于宋初，本名墓冢村，清雍正年间，大水为患，居民分移原址，南北成村且筑堤防水，又因该村在北，故称北寨。北寨村位于沂南县政府驻地西3千米处，东起卧龙山脉，延伸至澳柯玛大道，西沿圈里村东道路向南至东汶河西岸。西距京沪高速公路20千米，南距临沂市56千米，距临沂高铁站38千米，距临沂机场55千米，距沂南客运中心3千米。北寨村东靠城区中心，西邻汶河景观与西环路，地理环境十分优越，交通便捷、环境优美、资源丰厚。国家级重点文物保护单位沂南北寨墓群就坐落于此。该墓群位于北寨村中心位置，正方形院落式建筑，汉墓位于博物馆的正中心处，被整个村庄环抱。

北寨墓群所处的北寨村历史可追溯到四千多年前的新石器时代晚期。古城址与古聚落星罗棋布，境内已查明的新石器时期遗址有172处，其中大汶口文化遗址6处，龙山文化遗址44处。沂南北寨墓群是我国考古的重大发现，同时也是我国最大、最完整的汉画像石石墓，距今约有1800多年的历史。北京奥运会纪念币设计图样、中学历史书中的汉画像石图均取材于北寨汉墓画像石，具有极高的学术研究价值。

北寨汉墓博物馆由沂南县政府投资建设，1996年正式对外开放，现已发现的古墓有六座，经过科学挖掘的古墓有三座。一号墓系大型汉画像石墓，是当地居民取土建房时发现，后由政府文物管理机构采用科学合理方式加以发掘。该墓室占地约 90 平方米，共用石材 280 块，画像石 42 块，由前、中、后三个主空间与四个耳室、一个侧室构成。二号墓系砖石结构，内部有多个墓室，出土文物 80 余件，包括石器、银器、陶器等文物珍品。三号墓经保护未被挖掘，四号墓经保护性抢救挖掘出土文物 50 余件，五号、六号墓未被挖掘。

北寨汉墓博物馆承担了县境内出土汉画像石的保护研究任务，许多专家、学者与游客慕名前往汉墓博物馆探究汉画像石的特色魅力。画像石主要内容包括皇家游行、战士出征、侍女盥洗、祭祀、丰收宴请、神话故事与乐舞百戏等，是集汉民间传统绘画、建筑、雕刻与历史文化于一体的优秀作品。目前，博物馆保护性展示设施位于东北侧，陈列着从沂南各地收集的 34 块汉画像石，其余画像石皆陈列于室外。保护性展览室展有一号墓拓片，图像清晰、资料丰富。画像雕刻手法严谨细腻，题材广泛，技法多样，对于当下研究汉代社会经济政治秩序、风土民情、规章制度、阶级矛盾与宗教哲学有着深远的影响，是了解我国汉代文化鼎盛时期文化生活的瑰宝，具有极高的艺术价值与社会价值。

目前，由于墓群分布范围较大，文物保护出现了保护设施老化和人为破坏等现实问题。保护设施老化导致通风不畅，积水严重，漏雨不断；村民建大棚、建停车场、建筑房屋、挖取沙土等活动对汉墓周边环境造成了严重破坏。由于很多村民极其缺乏对汉墓汉画像石的了解，尽管当地政府采取了保护措施，但保护工作仍面临挑战。北寨汉墓博物馆内东南角有一棵树龄 90 余年的雄株银杏树，是村内特有的古树名木，具有较高的生态文化价值。北寨汉墓紧邻汶河及崮山、荆山、灰山，是重要的景观文化资源，周边分布着阳都故城、诸葛亮故里等古代遗址遗迹，皆为北寨村文化振兴提供了"精神食粮"。

3. 北寨村的文化价值

北寨村拥有特色汉画像石和汉墓，有极高的历史遗产价值，若北寨村发展能与文化良性结合，一定能产生更大的经济、文化与艺术价值，将会很好地带动周边发展，意义重大而深远。

（1）历史价值。北寨墓群是国家级历史文化遗产。2001 年 6 月 25 日，北寨墓群被国务院列为第五批全国重点文物保护单位。北寨墓群是东汉至唐、宋、明时期的一处墓群,基本确定该墓群是由东汉、唐、宋、明时期墓葬组成,已发现的遗迹共有墓葬 50 座,灰坑 7 个,井 1 口,窑址 3 座,经考古发掘的墓葬 3 座。

北寨汉画像石墓是目前我国保存最完整、学术研究价值最高的汉代石刻画像墓群之一,其画像之丰富完美、雕刻之精细、技法之精巧足以代表当时绘画和雕刻艺术的最高成就,是我国汉代艺术发展的一个里程碑。同时,其对于汉代文化史及相关学术问题的研究具有积极的推动作用,对研究我国汉代墓葬制度、建筑营造制度具有重要的文物价值,是研究我国汉代历史的珍贵资料,对文化的传承与振兴有重要的历史价值。

(2)艺术价值。北寨汉画像石诞生于一千八百年前,是民间艺术家和能工巧匠创造出来的有极高艺术水平的作品,是东汉时期画像石的经典之作。画像线条简练流畅,构图疏密合理,雕刻细腻精美。雕刻技法以铲地凸面线刻为主,配合浅浮雕、高浮雕和阴线刻,根据不同的部位安排不同内容,朝仪、宴饮、舞乐、狩猎、战争画面布置得当,极具匠心,代表了汉画的最高水平,是集雕刻艺术、绘画艺术、建筑艺术于一体的汉代艺术珍品,是研究我国古代美术史的珍贵实物资料,是现实主义的杰出作品,也是乐观主义者表达美的理想愿望的优秀作品,具有重要的艺术价值。

(3)科学价值。北寨墓群地理位置十分优越,是我国传统景观评价系统中评定的极佳选址。它科学地利用了自然景观环境进行布局,将墓葬、山、水融为一体,体现了选址的科学性。沂南北寨墓群墓室结构复杂,布局合理,营造技艺精湛,对于研究当时的社会经济状况有重要的科学价值。同时,汉墓中佛的图像展示出我国萌芽时期佛教艺术的独特魅力,为佛教文化研究提供了重要的实物资料。

(4)社会价值。北寨村地理位置优越,北寨墓群作为不可复制的稀缺文化资源,蕴含着丰富的历史、科学和文化内涵,是提升沂南文化品位的重要基础之一,是大众了解相关文化知识、回溯人类文明起源、认同中华文化的重要桥梁。

沂南县朱家林村在村内没有特色资源的情况下,借助村内原有文化振兴成功实现了乡村振兴。相比之下,北寨村拥有得天独厚的文化资源优势,所以我们有理由相信,经过文化、旅游、生态、农业的保护与发展,以及现代服务的不断发展,北寨村一定会发挥更大的社会价值,促进文化传播并推动当地的文化遗产保护事业发展，进而带动地方经济的发展，实现区域和谐社会建设任务。

（二）北寨村的发展模式分析

1. 城乡融合

为响应国家新型城镇化战略部署，沂南县政府组织编制了《沂南县县城总体规划（2016—2035年）》，指导未来沂南县建设和发展，构建城乡一体、产城融合、统筹发展的城乡体系，实施乡村振兴战略，实现城乡融合发展。规划指出，我们应对县域内拥有大量历史文化遗迹，或民俗文化艺术特征显著，或具有鲜明产业特色的村庄进行特色培育，针对其加强规划，突出特色，发展旅游相关产业，培育新的经济增长点。按照《沂南县县城总体规划（2016—2035年）》，北寨村现址被规划为防护绿地，周边为基本农田。

规划为防护绿地意味着北寨村历史环境的改变和消失。由于北寨墓群建造的结构特点，其多距地表较近，但周边植物的根系在生长过程中不断向下延伸，会对墓群造成损害，与沂南县县城总体规划中北寨村作为防护绿地的用地性质产生了矛盾。同时，北寨村靠近汶河生态景观，拥有国家级重点文物保护单位——北寨墓群，较好地保留了传统建筑风貌，可以通过文化振兴带动乡村振兴。因此，当地政府和规划管理部门在实行总体规划的过程中，认为北寨村的用地性质可以进一步研究与调整，对其进行保护式开发，赋予北寨村新的生命，实现城乡融合发展。

结合多重因素及政府政策指引，通过文化途径振兴北寨村，可顺利实现城乡融合发展。按照《沂南县县城总体规划（2016—2035年）》，沂南县城将中心城区西扩，在距离北寨村不远的南寨村等位置规划了文化设施用地，而北寨村可以作为文化活动空间的拓展，同时期可以结合汶河滨水生态景观带、特色建筑风貌与非物质文化等，打造既有传统村落面貌，又满足现代人生活需求的特色文化村落，使沂南县城与北寨村的社会生活与经济紧密结合、协调发展。

如今，沂南县政府把旅游业作为县域经济的支柱产业和现代服务的主导产业，积极发展"文旅兴县"战略，已经形成了朱家林村、竹泉村、常庄村等在当地乃至全国有名的代表性乡村振兴案例。而且，沂南县这几个代表性乡村振兴案例各自不同的特点和发展途径。北寨村的区位、资源等与上述案例相比有其独到的优势和特点,有成为沂南县代表性乡村振兴案例的潜质。通过文化途径振兴,北寨村可以更好地发挥沂南县区域文化优势,为沂南县城乡的全面发展注入新鲜血液。《沂南县县城总体规划(2016—2035年)》编制单位为上海同济城市规划设计研究院,规划包括沂南县城市发展定位、城乡空间布局、重大基础设施配置及中心城区发展等方面。

以点带面,以区域带动整体,形成以北寨村、朱家林村、竹泉村、常庄村等为核心的沂南县特色乡村振兴集群,形成互联互通、资源共享并独具特色的全域旅游体系,可为沂南县全面振兴、全方位振兴奠定坚实基础,使其成为城乡有机融合发展的典范。

2. 村落保护

北寨墓群是国家级文化遗产,也是北寨村最重要的、不可复制的稀缺文化资源。从文化振兴视角保护与发展北寨村,首先需要对北寨墓群进行科学合理的保护。《山东沂南北寨墓群保护规划(2018—2032年)》①中指出,应真实、完整地保护北寨墓群的历史信息和文化价值,充分展示其文化价值与内涵,统筹土地资源与文化资源利用,谋求文物保护与地方社会经济文化可持续发展的和谐关系,最终实现北寨墓群文化价值的"整体保护利用"。根据保护要求,当地可通过北寨墓群专项保护措施、保护性建筑改造、河岸加固、保护性征地与水土保护等具体方式,综合整治北寨墓群及周边环境,逐步恢复北寨村历史、自然、生态风貌。

北寨村的保护与发展不仅限于对北寨墓群的保护,还应在不破坏原有传统风貌的基础上强化文化优势,保护式发展北寨村的建筑风貌、自然风光、空间格局、手工技艺、节庆习俗等,建设能满足北寨村村民生活需要,并提供现代文化服务的配套公共基础设施,推动北寨村的可持续发展。同时,北寨村的村落保护不是一蹴而就的,需要建立长效保护机制,形成一种保护常态,守住北寨村文化的根和历史的魂,让北寨村的文化价值持久延续,实现村落保护与发展的双赢。

此外,当地还应提高北寨村村民对村落整体保护的意识。目前,村民

---

① 《山东沂南北寨墓群保护规划(2018—2032年)》编制单位为北京建工建筑设计研究院文物建筑保护研究所,规划包括遗存现状、综合评估、保护区划、保护措施等十八个章节,对于保护北寨汉墓、汉画像石,合理开发利用周边环境,促进北寨村经济社会可持续发展具有重要意义。

对村内有极高文化价值、历史价值的文物古迹缺乏保护意识，没有认识到文物保护单位的重要性，也没有意识到北寨村原有物质空间环境的意义和价值。因此，政府应不断加强村民对北寨墓群等历史文化遗产的了解，唤起村民对当地文化遗产的关注与自豪感，使村民认识到北寨村原有村落、建筑等物质空间环境的价值和意义，从而强化民众基础，使村落保护成为民众的自觉行为。当更多的民众和文化遗产产生交集，且能够认识到文化遗产的重要性、传统空间的重要性时，他们才会从内心深处真切地感受到自己与祖先一样，都是北寨村的主人，有义务保护好、传承好祖先留下的文化遗产，也有使命去创造、去延续中华民族的文化记忆，使其能够得到生生不息地传承和保护。

3. 文化统筹

在新时代，历史文化和现代文明交映生辉，北寨村厚重的文化底蕴为文化统筹推进村落发展提供了可能。加强北寨村传统建筑风貌和汶河滨水文化景观的更新，提升北寨村物质空间环境，可以为北寨村文化振兴奠定坚实基础。当地政府充分发挥北寨村的特色文化优势，保护与传承汉墓、汉画像石等历史文化遗存，修缮汉墓、汉画像石博物馆，弘扬悠久的文化。同时，政府还应结合当地非物质文化与物质文化、村内传统的农耕文化与现代滨河景观文化，为北寨村注入新的活力，营造舒适宜居的生活环境，打造北寨村特色文化产业，吸引村民回到村内从事生产经营性工作。这样不仅可以提高北寨村的经济效益、社会效益，还将极大地丰富北寨村村民的精神生活，提高村民文化素养，提升北寨村整体人文风貌，催生新的文化生态，为北寨村持续发展提供动力，实现特色文化统筹发展。

以文化统筹村落发展是指深入挖掘地方文化特色，充分利用村落的文化资源及相关条件，保护原有的文物古迹、传统建筑风貌与特色生态环境等，并加入情感价值与景观价值的分析，在此基础上，将现有文化资源与特色文化空间结合起来，激活文化产业更新模式，推动文化互动体验，实现文化和功能的有机统一。与北寨村类型近似的传统村落可以根据北寨村的发展模式，结合当地特色文化资源，提出适合自身发展的文化统筹模式，以此为富含深厚文化底蕴的传统村落保护与发展提供一种新的可能。

（三）文化振兴视角下传统村落保护与发展的途径与方法

笔者通过对国内外大量乡村振兴尤其是通过文化途径实现乡村振兴的

典型案例进行了调查、学习、分析和探究活动，同时在分析沂南县及北寨村特色发展模式基础上不断探寻以文化途径实现乡村振兴的策略，借鉴优秀乡村振兴的经验，尝试总结出文化振兴视角下传统村落保护与发展的途径与方法，从个案研究的具体成果探索其拓展运用的方式，期待为今后与北寨村类型近似的传统村落保护与发展提供借鉴。

1. 保护文化遗存

针对一些文化价值较高、已被列为世界文化遗产或国家各级文保单位的传统村落，我们应尽可能保留其在历史形成中对应实物的真实性与村落形态的完整性，同时尊重原有历史文化，科学、严格地保护与修缮其内部文化遗存，如祠堂、庙宇、戏台和有价值的古墓、古建筑等。根据实际情况，我们应对围绕文化遗存制定相应的保护机制，采取相应的保护方法，强化多元保护主体责任，根据政府、村落、村民等进行保护责任划分，使保护责权更加清晰。我们应对文化遗存本体进行维修加固、定期修复并开展预防性保护工作，充分发挥其在传统村落中的文化价值。同时，当地还应根据文化遗存具体位置及保护规划的具体要求，在不破坏原有文物的基础上，借助现代文化手段将周边空间更新升级，打造特色文化博物馆，实现传统村落持续的、活态的文化传播。

为最大程度保护与发展传统村落的文化，当地可利用先进的科学技术将线上博物馆与线下博物馆结合起来，通过现代人喜闻乐见的多媒体、自媒体、短视频与直播等新兴传媒方式，广泛共享传统村落内文化遗存的历史信息、考古信息和科研信息等，以智能化的形式向无法亲临现场的人们展示传统村落文化，提高各界对文化遗产的关注度、重视度与参与度，吸引人们亲自到传统村落参观游览，从而展现传统村落最鲜明的文化魅力。

2. 彰显文化特色

不同的传统村落有不同的文化特色，而文化振兴视角下的传统村落保护与发展不仅需要保护传统村落内的文化遗存，还应重视村内特色非物质文化，如特色风土人情、手工技艺、风俗表演、饮食文化等。同时，我们可在政府的支持下尽力挖掘传统村落的特色文化资源，并以传统村落的地域环境为物质载体，对原有村落建筑进行空间改造，将特色文化功能合理置入传统村落的每一个角落，不断增添文化互动体验，渗透文化氛围。

文化振兴视角下的传统村落保护与发展需要弘扬当地的传统文化，更重要的是彰显文化的内在精神，而不是单纯注重外在形式。国家与相关部门应制定合理有效的制度、体系与法律法规以保护特色文化，让村民不断学习与实际践行，增强村民保护当地特色文化的意识，同时也可邀请村民提出宝贵的意见和建议，邀请传统村落内非遗传承人在村内开展培训、示范讲学，丰富村民文化生活，提高村民的文化素养，并使他们通过对传统手工艺品的加工售卖提高经济收入。游客也可在传统村落内体验简单的传统手工制作等，通过亲自体验加强文化记忆点，保护与传承文化。从上至下各方共同努力，可彰显传统村落的文化特色，促进传统村落保护与发展。

3. 发展文化产业

文化振兴视角下传统村落的保护与发展需要关注村民的利益诉求，促使传统村落的农业文化与产业文化、农业文化与景观文化良性结合。我们可通过耕作农事文化活动等调动村民参与的积极性，也可将村落内部传统农田转变为种植园、观赏园、采摘园等，发展现代化农业，增强游客互动体验，打造特色文化产业品牌，提高经济效益。我们需利用传统村落的特色文化优势，优化产业结构，鼓励、扶持村民从事文化服务、文化演艺、文化宣传旅游等第三产业，通过市场机制建立符合当地特色的文化产业体系，吸引外出务工村民返乡创业经营，也吸引外地人来此创业，为村民增收、农村增实力提供坚实支撑。只有村民生活富足，他们保护与发展传统村落的热情才可能被激发，传统村落保护与发展行动才能成为人人参与的社会行动，既保护了传统又创新了文化，从而促进传统村落文化内涵与外延价值的和谐统一。

发展文化产业离不开人才的培养与引进，所以当地政府应健全基层党组织，多层次、多渠道引进文化人才，利用先进的理念方法和手段邀请乡贤精英、艺术家、文化精英管理者等多方参与，开展文化产业学习、培训、考察活动，加快文化产业的创新发展。当地应注重传统村落内人才的文化教育，培养一批特色文化产业带头人，成为文化振兴视角下传统村落保护与发展的主力军，并探索完善政府、合作社、企业与村民合作开发模式，推广合作经营、入股分红、龙头带动等模式，实现农户与现代农业、文化产业发展的有机衔接，更好地推动文化繁荣，实现传统村落的伟大振兴。

4.生态与人文并举

良好的生态环境是传统村落保护与发展的基础。文化振兴视角下传统村落保护与发展应注重乡村肌理的更新与生态文化的保护。当地政府可结合传统村落的自然风貌、周边环境与自然地形，打造生态居住区，加快传统村落的生态恢复，营造良好的人居环境与生态环境；加强生态文化宣传教育，使村民树立正确的价值观，引导村民养成积极的生活方式，让村民切实感受到生态文明为传统生产生活带来的好处，逐渐构建传统村落新的生态文化结构，从而提高村民的生态文明素养与生活质量，使传统村落的保护与发展成为村民的自觉行为。文化振兴视角下传统村落的保护与发展需要始终坚持科学的保护理念，重视传统村落的生态文化与乡风文明，使人与自然和谐共生，促进传统村落的可持续发展，共同建设美好的生态家园。文化是国家和民族的灵魂，中华传统文化是中华民族的精神命脉。只有坚定文化自信，从中华民族世代形成和积累的优秀文化中汲取营养和智慧，延续文化基因，吹响文化振兴的号角，我们才能在精神和物质层面实现全面的乡村振兴，进而实现中华民族伟大复兴的中国梦。综上所述，探讨文化振兴视角下传统村落的保护与发展具有极大的现实意义与实践价值，将会开启乡村振兴的新篇章。

第四章
小城镇的
规划与建设

第一节　小城镇发展概述

一、小城镇概述

客观世界中的乡村性社会向多种产业并存的现代化城市性社会的转变不仅表现为漫长的发展过程，还总是离不开特定的空间范围，并以城乡过渡的中介形态而客观存在，而其实质就是小城镇。小城镇是介于城市和乡村之间，以实现城乡之间有机联系而形成的一个完整又相对独立的区域。它既是城市之"尾"，又是乡村之"首"。所以，小城镇也可以说是城市在乡村的延伸，是乡村中城市的雏形。

在我国，由于地域、社会经济发展的差异较大，小城镇也有着多样化的存在形态，如县级镇、建制镇以及集镇等形态。按照《中华人民共和国城市规划法》的法定释义：县级镇一般是指县级机关所在地，是全县政治、经济、文化的中心；建制镇是指国家按行政建制设立的镇，不包括县城关镇；集镇则是建制镇的基础，是指乡人民政府所在地和经县级人民政府确认由集市发展而成的，作为农村一定区域经济、文化和生活服务中心的非建制镇。小城镇作为城镇体系结构中一个特定的概念，目前国内还没有明确的定义。各类研究人员在讨论小城镇时都是从自身研究出发的，导致小城镇的概念呈现多义性和模糊性。当前，学术界比较流行的有以下几种观点：

（1）认为小城镇属城市性质，指县级镇和建制镇，不应包括集镇。

（2）认为建制镇的主体是实行镇管村，它们基本上是由传统的集镇发展而来的，与集镇并无明显的界限，所以小城镇应包括集镇，而不应包括县级镇。

（3）认为小城镇是设立行政建制的镇，不包括县级镇和集镇。

（4）认为小城镇是一种区别于城市和村庄的早已客观存在的聚落，关键是如何选取发展的重点，无需作人为划分。

从表面上看，以上四种概念似乎只是几种中介形态的简单组合，但在实质上它们却存在本质的差别。为了便于理解，可将上述几种观点归结成广义的与狭义两大类。狭义的小城镇概念一般指上述第一、三种。这类观点一般强调小城镇的城市属性，对小城镇与生俱来的乡村属性则考虑甚少，反映在小城镇规划建设管理上，就是把小城镇简单地视为城市的缩微和翻版，盲目地将城市规划与建设管理的做法移植于小城镇中，致使困扰城市的"城市病"有向小城镇蔓延的趋势。这或许与小城镇规划建设管理尚处于探索阶段，受传统城市规划理论与实践影响较多等因素有关。另外两种都可归结为广义的小城镇概念。它大致分两种情况：一是基于小城镇发展的动态性和乡村性观点提出的，即包括了建制镇与集镇两个层次的概念界定，如上述第二种观点；二是如第四种观点中所描述的那样，彻底摆脱行政建制的"框架"，依据人口向镇区聚集，经济活动以非农产业为主和趋向多样化，文化活动、建筑建设逐步城市化的事实与特点来界定小城镇的概念。前者因所涉及的方方面面能较好地体现小城镇发展的特殊性和客观规律，并接近现代化、城市化大局的战略问题，所以是目前我国小城镇研究领域最为流行的观点，也是本书重点讨论的对象和内容；后者由于过于理想化，很难与现行的规划行政管理体制接轨，可操作性不强，本书暂不进行讨论。

我国疆域辽阔，小城镇的类型和发展模式不仅齐全，还十分复杂，在指标体系及命名系统尚未达成一致共识、小城镇边界界定模糊的前提下，进行小城镇规划建设管理研究显然困难重重。

二、小城镇在乡村振兴中的核心作用

在《国家乡村振兴战略规划（2018—2022年）》中，明确了乡村振兴的八大基本原则，其中"坚持城乡融合发展"原则说明了城镇与乡村发展的融合关系，即以城市群为主体构建大中小城市和小城镇协调发展的城镇格局，增强城镇地区对乡村的带动能力。我国应加快发展中小城市，完善县城综合服务功能，推动农业转移人口就地就近城镇化。同时，我国需因地制宜发展特色鲜明、产城融合、充满魅力的特色小镇和小城镇，加强以乡镇政府驻地为中心的农民生活圈建设，以镇带村、以村促镇，推动镇村联动发展。小城镇作为连接城乡的节点枢纽，起到了上连大中城市、下接农村的中介作用。特色小镇的建设是推动城乡联动的"催化剂"，而作为城乡聚落体系的中间环节与过渡地带，特色小镇的建设可推进城乡公共资源的均衡配置，促进乡村振兴。

（一）小城镇是为广大乡村提供公共服务与基础设施职能的基本平台

首先，小城镇作为联系城市与农村的纽带，是吸纳农村人口就业、为农村人口提供平等社会公共服务职能最主要的平台；其次，小城镇是直接服务农村生产活动的空间载体，是服务农民生产生活、开展农副产品精深加工、组织农民开展农产品产销一体等农业现代化转型的组织中枢。

（二）小城镇是实现就地城镇化、"村—城"人口梯度动态转移的重要节点

我国的城镇化具有规模大、时间长、空间广的特点，是一个在较长时间里完成以农民为主体的人口结构向以市民为主体的人口结构转变的过程。但是，这并不是一个简单的过程，需要小城镇作为第一级跳板完成农村人口向城市人口转变的预备工作，农民在小城镇中掌握了市民的基本生存规则，同时城市也需要在相当长的时间内做好设施、服务、土地等各项准备。也可以说小城镇是我国完成城镇化过程中以时间换空间的重要载体。

（三）小城镇是完成乡村腹地要素整合，传递国家政策的功能性细胞

首先，小城镇是整合广大乡村腹地土地、产业、资本、人力、服务等各项要素的功能性细胞，是将数量多、各自为政的乡村拧成一股力量，实现分工协作的基本骨干，实现生态建设、经济发展、人地平衡的天平；其次，小城镇是传递落实乡村政策的一级平台，对于近年来农家乐的广泛崛起、美丽乡村的普遍推广、乡村振兴的政策落实都起到了决定性的作用。因此，小城镇是集政治、经济、文化、商贸于一体的乡镇中心地带，是城市发展辐射带动乡村振兴的纽带，是将乡村分散资源整理聚合成区域竞争力的头部组织，是推动乡村振兴战略的桥梁，是区域经济的"增长点"。

党的十五届三中全会明确指出，发展小城镇是带动农村经济和社会发展的一个大战略，有利于乡镇企业相对集中，更大规模地转移农村剩余劳动力，避免他们向大中城市盲目流动，有利于提高农民素质，改善其生活质量，同时也有利于扩大内需，推动国民经济更快增长。这是农村家庭联产承包责任制和乡镇企业发展以来我国农村经济体制改革的又一重大历史举措。我国的国情决定了农业、农村和农民问题始终是社会主义现代化建设中的基本问题，而推进小城镇建设不仅是实现我国现代化事业跨世纪发展宏伟目标、解决"三农"问题的关键之举，还是培育市场经济条件下新的经济增长点，坚持有中国特色的城市化道路的正确选择。因此，现在中央提出的"小城镇大战略"既是符合经济规律和我国国情的科学论断，又是推动我国小城镇实现更大发展的动力源泉。

当前，全国各地都在积极贯彻落实中央精神，小城镇的发展形势一片大好。这突出体现在以下几方面：小城镇发展迅猛、乡镇建设投资持续稳定增长、小城镇规划编制工作进展加快、规划建设管理网络有所完善、城乡人居环境明显好转、城乡面貌发生了翻天覆地的变化等。但小城镇建设是一个复杂的系统工程，它的发展和规划建设管理工作涉及面之广、政策性之强并不亚于城市，因此目前在实际工作中仍存在一些不容忽视、亟待重点研究和解决的战略性问题。例如，规划起点较低、科学化程度不高的问题；"城市病"在小城镇有蔓延倾向的问题；违反规划、不要规划、盲目开发、过度超前建设，造成土地等资源浪费与闲置的问题；高强度开发，致使小城镇环境质量下降的问题；基础设施、公共服务设施建设滞后和不配套的问题；配套政策法规不够完善、管理机构不健全的问题等。这些都需要我们在工作中加强调查研究，科学组织管理，认真协调解决。

事实上，自20世纪80年代以来，我国有关专家和学者就一直在不断努力寻求上述问题的解决办法，致力于使小城镇社会经济走上协调和持续发展道路，但由于某些概念界定的含糊性，这方面的研究在"系统性"和"方向性"上存有偏差，难以深入和拓展，各专家、学者之间的探讨与交流也存在诸多不便。为此，必须对小城镇规划建设管理的相关概念加以界定。21世纪是可持续发展的世纪，促进城乡社会经济和生态环境的协调发展是党的十五大提出的跨世纪发展战略目标。

实行符合城乡建设和发展规律的小城镇规划建设管理是历史发展的必然要求。它的设计和完善要求我们必须改变过去不适应新时代要求的旧思维，建立起新的思维。同时，也要求我们充分认识到小城镇规划建设管理工作的重要性，并建立起一系列新的基本理论、指导思想、原则和方法，以便对小城镇规划建设管理工作进行指导。

三、小城镇规划建设管理

小城镇规划建设管理是指在国家建设行政主管部门、县级地方人民政府建设行政主管部门的宏观指导下，由小城镇人民政府组织编制小城镇规划，并依据《中华人民共和国城市规划法》《建制镇规划建设管理办法》《村庄和集镇规划建设管理条例》和批准的小城镇规划，对小城镇规划区范围内土地的使用和各项建设活动的安排实施控制、引导、监督及违规查处的行政管理活动，是小城镇持续健康发展过程中一个重要的不可分割的组成部分。

从我国城镇管理的运作机制来看，小城镇的规划建设管理主要在宏观、中观、微观三个层面上展开：一是由国务院建设行政主管部门主管全国范围内的小城镇规划建设管理工作；二是由县级以上地方人民政府建设行政主管部门负责本行政区域内的小城镇规划建设管理工作；三是由小城镇人民政府或政府建设行政主管部门负责小城镇规划建设管理工作。

（一）小城镇规划建设管理的基本特点

小城镇规划建设管理要针对每个小城镇的自然条件，以及当时的建设状况、性质、规模、建设速度等方面的内容而展开，同时还涉及政治、经济、社会、技术与工艺及人们的生活等，因此其基本的构成、运作等相当复杂。为了对小城镇规划建设管理的性质有比较确切的了解，必须进一步认识其基本特点，由此也可以把握小城镇规划建设管理的基本原则。

1. 小城镇规划建设管理是一项政策性很强的工作

小城镇政府的基本职能之一就是把小城镇规划好、建设好、管理好，因此小城镇规划建设管理是政府行为，必须遵循公共行政的基本目标和管理原则。我国社会主义国家行政机关的职能是建立和完善社会主义制度，促进经济、社会和环境的协调发展，不断满足人民群众日益增长的物质与文化生活需要，是为人民服务。小城镇规划建设管理的最终目的是促进经济、社会、环境协调发展，保证小城镇有序、稳定地发展。在规划建设管理中，为了保证小城镇的公共利益和长远利益，政府需要采取一定的控制性措施，而这也是一种积极的制约，其目的是将各项建设活动纳入小城镇发展整体的、根本的和长远的利益轨道。小城镇规划建设管理过程中的各项工作都会涉及小城镇各项建设的战略部署，会对小城镇中合理的生产、生活环境产生长远的影响，几乎涉及小城镇中经济、社会、文化等各个方面和小城镇中的各个部门，而这些内容的安排以及解决问题的方法都必须以国家和地方的有关方针政策为依据，以国家和地方的法律法规为框架。因此，小城镇规划建设管理的问题不单是技术问题，更与国家和地方的方针政策等紧密相关。

2. 小城镇规划建设管理是一项综合性的管理工作

现代小城镇是一个复杂的有机综合体，社会、经济、环境资源等系统不但具有各自的运行规律和特征，自成体系，而且相互之间有影响、有制约，并与外界环境密切相连，因此决定了小城镇规划建设管理具有综合性的特点。小城镇规划建设管理的首要任务是保证小城镇内各项规划和建设正常运转，因而不能局限于对构成小城镇的某一因素的运转管理上，还应协调、控制小城镇各项因素的相互联系，使之各得其所、协调发展。小城镇规划建设管理的综合性不仅体现于内容的包罗万象（涉及气象、水文、工程地质、抗震、防汛等方面的内容；涉及经济、社会、环境、文物保护、卫生、绿化、建筑空间等方面的内容；涉及工程管线、交通、农田水利等方面的内容；涉及法律法规、方针政策以及小城镇规划技术规定等方面的内容），还体现在整个规划建设管理的过程中。无论是局部的还是整体的规划建设管理，都应从总体的规划和战略协调上进行综合性的管理，组织和协调好小城镇功能的发挥，保证小城镇的有序发展和整体发展目标的实现。在此过程中，小城镇规划建设管理中的所有决策都必须遵循以社会、经济、环境综合效益为核心的基本原则，促进小城镇可持续发展。

3. 小城镇规划建设管理是一项区域性的管理工作

小城镇是一个开放的系统。每个小城镇都有自己的优势与不足，能够完全自给自足的"孤立国"是根本不存在的。随着我国市场经济体制的建立和城市化水平的不断提高，区域内小城镇的发展越来越受到经济一体化、区域整体化、城乡融合等趋势的深刻影响。区域内外由市场一体化所导致的经济一体化不仅对各小城镇的产业结构、产品结构、技术结构、投资结构、劳动力结构等方面产生深刻影响，还导致各小城镇在区域内的竞争优势和不利因素也发生变化。这些变化在不同程度上甚至决定着小城镇发展的方向、目标和规模。为了适应经济结构的这一变化，就要求各小城镇在土地利用和空间结构等方面做出相应的调整，并使区域内宏观基础设施（如水利、交通、通信、能源等）的布局也最有利于区域的整体发展。通过在各小城镇间、各部门间、各行业间乃至各区域间调剂余缺，使各小城镇的协作建设形成综合整体效益，从而保障真正意义上的持续发展的工作，是小城镇政府及政府建设行政主管部门进行宏观与微观管理的基本职能之一。因此可知小城镇规划建设管理是一项区域性的管理工作。

4. 小城镇规划建设管理是一项多样性的管理工作

由于小城镇发展的基础条件、经济条件不同，小城镇的建设阶段也有所不同，体现在小城镇规划建设管理方面，就是管理具有多样化的特性。一个小城镇的形成与发展总是与外部周边环境紧密相连的。资源、交通、对外联系等条件的不同，不仅使小城镇的内部管理结构存在差异，还使小城镇的发展方向、发展重点、发展水平亦不尽相同，近几年国内出现的几种发展类型，如工业型、市场型、农牧加工型、旅游服务型、三产服务型等就是最好的例证。小城镇建设发展的阶段性和发展道路的不同决定了小城镇规划建设管理的多样性，因此必须坚持从实际出发、从小城镇的镇情出发，切实遵循实事求是、因地制宜的基本原则。

5. 小城镇规划建设管理是一项长期性的管理工作

搞好小城镇规划建设，大力发展小城镇，是关系我国农民生产生活的大事，在国民经济和社会发展中具有重要地位和作用，因此党中央、国务院历来十分重视，并在十五届三中全会上将小城镇的规划建设提到了战略高度。这说明了小城镇的存在将是长期的，其规划建设管理也必定是长期的。这种长期性在规划方面体现为小城镇的发展要杜绝改革开放之初底子薄时"摸着石头过河"的旧模式，而应立足战略的高度，以长远思路、长远规划来指导小城镇的建设；在建设方面体现为我国要想解决农村剩余劳动力问题、实现农村现代化这个长远目标，就必须不断加强小城镇建设，这种小城镇建设的长期性决定了管理的长期性。因此，小城镇规划建设管理必须坚持立足当前、放眼长远、远近结合、慎重决策的原则。

6. 小城镇规划建设管理是一项动态性的管理工作

现代小城镇作为一个有机体，无论是立足于单一城镇还是区域城镇群的角度，其局部或单体的运转都会影响到整体的运行。因此必须以动态的、整体的理念进行小城镇规划，并在建设中坚持长远的、动态的管理原则，管理好小城镇局部的规划与建设，协调好小城镇总体的运行，最终保证小城镇各项发展战略目标的实现。

（二）现代小城镇规划建设管理的新思维

当小城镇规划建设的重点逐步从"经济主导型"向"社会主导型""生态主导型"转换时，小城镇管理的方法与手段也相应发生了变化，现代化的管理色彩被强化了。从国际小城镇管理的先进经验以及我国小城镇现代化趋势来看，当前小城镇规划建设管理的方法论正建立起以下三种新的思维。

1. 系统化思维

现代城市发展区别于过去城市发展的一个重要本质特征就是经济、社会、生态效益相结合，而作为城市体系的重要组成部分和农村经济的重要载体——小城镇，其发展也必将囊括经济、社会、文化，乃至生态各大领域要素的协调发展，因此具有系统化的特性。这些特性要求小城镇管理者必须从观念上摆脱就镇论镇、就事论事的思想，在整个规划建设管理过程中充分运用系统论、运筹学、战略学的原理，促使小城镇中复杂的各类要素更加有机地组合联结、有序运作，使小城镇建设有条不紊地进行下去。城市管理作为系统工程的理念早在 20 世纪中叶就已被提出，它为小城镇规划建设系统化管理思维的建立奠定了坚实的理论基础。

2. 民主化思维

我国宪法和有关法律对公众所享有的参与社会事务权利的规定并不明确，因此导致规划与公众主观及客观上的隔绝长达十几年之久，而小城镇规划建设管理则长期偏重行政管理模式，并呈现出自上而下单线型的政府行为运作状态。这种模式运作的结果就是小城镇规划僵化和失去民众认同，规划难以落到实处，建设随心所欲。随着小城镇法制化、民主化进程的加快，现代小城镇规划建设管理越来越需要公众的参与，而小城镇居民出于对美好人居环境的向往与追求，也越来越自觉地参与小城镇的规划建设管理。因此，针对当前实践中需要解决的管理问题，小城镇必须建立有公众参与的民主化管理思维。我国小城镇规划建设管理的民主化过程通常是通过两种主要方式实现的，一是经济主体的集体参与，二是市民志愿者的个体参与。公众参与小城镇规划建设管理的思维就是强调"使用者适当参与"，主张可能被这个规划、建设和管理决策所影响的人都参与到决策过程中，使大家获得平等的发展机会，并且在坚持"公平、效率"的原则下共创美好的生活环境。西方发达国家的经验表明，这种"使用者适当参与"的主张不仅可以使规划制定得更合理，规划实施得到有效监督，促进政府行政效率提高，还能使市民在规划方案的实施过程中采取更加合作的态度，从而提高小城镇管理与发展的质量。

3. 柔性化思维

小城镇规划建设管理中的柔性化思维意味着更加突出"以人为本"的理念，即以人为中心发展小城镇的管理思维。和以往城市与小城镇规划建设管理中单方面注重城镇硬件的建设管理，忽略精神生活，注重统一格式的大批量制作，以及忽略个性化、特色化要素的做法不同，现代小城镇的规划建设管理更加强调人的素质、文化品位的提高和精神生活质量的改善，更加重视信息、服务等非物质的价值。随着我国现代小城镇经济社会的迅猛发展，严峻的人居环境和"人"主体自身变化的问题以矛盾和危机的形式尖锐地摆到了人们面前。人们逐渐认识到，传统的强制性管理思维很难适应新的历史时期解决新问题的需要，因为新时期农民所面对的已不再是简单的乡村生产与生活，而要实现对生存旧环境的批判扬弃和对新环境的创造、适应，实现对农村原有文化传统和农民认识结构、观念、知识体系的变革。上述种种依靠农民自发地强化意识来实现显然不现实，必须要有适当的管理加以引导，而这就对管理提出了改变旧思维和建立新思维的迫切要求。国内大量的实践与经验表明，管理方式趋于弹性化、柔性化，管理过程体现高科技化和高接触化，不但有利于农民树立现代化意识，更重要的是有利于提高全体农民的基本素质，使他们养成良好的卫生习惯，并形成定式，从而提高小城镇的文明程度。

第二节　重点示范镇——以天津市蓟州区为例

一、重点示范镇的发展导向

应按照"城乡政策一致、规划建设一体、公共服务均等、收入水平相当"的原则，"科学规划、高质建设""新区、老区、园区、社区，四位一体，同步推进"的工作思路，着力将重点示范镇打造成县域副中心，使其成为农民进城落户、创业的良好平台和全省小城镇建设的示范样板。重点示范镇也是承接乡村城镇化、布局乡村发展路径、带动农业转型、引导农民增收的重要平台及载体,是由城市领衔发展带动城乡全面发展的重要支撑点,也是乡村全面振兴的重要抓手。

二、新时代新型小城镇规划——以天津蓟州区小城镇规划建设为例

党的十九大以来,中国坚持全面贯彻绿色发展理念,坚持生态文明建设为重点发展内容。新时代,城镇化的传统增长模式正在转变、经济增速逐渐变缓,正在经历以新型城镇化为抓手的城市转型新实践时期。我国现有三万多个小城镇,东部沿海地区小城镇经济发展水平较发展相对滞后地区的小城镇要高得多。然而,在众多的已经或正在发展起来的小城镇中,多数受经济效益的驱使,忽略了小城镇特有的文化气质、生态环境以及符合当前小镇的经济发展结构。在此背景下,应在权衡经济发展与保持小镇特色文化、生态环境等议题的过程中,提出规划如何引领发展、政策如何配套、考核指标如何制定,以及小城镇是否能成功转型等系列课题,并进行探讨和"试验"。要试图为已经发展起来的小城镇提出更新改造的策略方法,为正在发展的小城镇提供最新的政策和技术支持,为新时代新型小城镇建设探索出一条健康发展之路。

(一)小城镇的发展背景与概况

1.国外小城镇建设的启示

小城镇的发展可追溯到英国 18 世纪中叶,霍华德于 1898 年提出了"田园城市"理念,其构建要素是控制一定量的人口规模,保障城镇周围生态环境优美,以及小城镇基础设施和生活服务体系完善,能为居民提供足够的工作机会。这一理念的诞生是为了应对农村大量劳动力涌入城市带来的一系列社会问题和环境问题,同时针对城市化人口聚集效应所带来的拥挤、卫生、环境等方面的极端问题,主张通过疏散大城市人口,保持城市的合理规模,将城市和乡村各自所具备的特点结合起来,建立一个具有"城市—乡村磁铁"特点的田园城市,并通过一系列小型的、精心规划的磁体来吸引人口,形成一个高效的城市网络,使城市与乡村能够平衡、健康发展。基于这一思想,欧洲其他国家,以及美、日、韩等国在城市化进

程的实践中也出现了新的理论和实践，其小城镇保留了农村优美的空间格局和建筑形态，农村的生活质量要高于城市。中国城镇化道路也同样面临着各种社会、文化、环境、管理等问题的考验。对于新常态下如何正确引导小城镇建设发展，本书通过对英国、德国、美国、日本、韩国小城镇建设发展的研究学习，为天津蓟州区小城镇的建设提供借鉴，如表4-1所示。

表4-1　英国、德国、美国、日本、韩国小城镇发展经验一览表

国家	发展阶段	建设经验
英国	18世纪中叶开启工业化和城镇化进程	1. 法律保障； 2. 注重综合规划，重视生态环境及传统文化的保护； 3. 政府给予科学引导和大力支持； 4. 重视基础设施和社会服务设施的建设； 5. 鼓励公众全程参与小城镇的建设
德国	1. 20世纪初完善法律法规； 2. 1991年参与"社区倡议计划"； 3. 参与2007—2013年第四期计划	1. 政府主导、法律政策规范、公众参与； 2. 市场机制运作、优化投资环境； 3. 生态环境保护、历史文脉传承； 4. 基础设施和社会服务体系完善、管理模式先进有序； 5. 教育人才支撑，特色产业突出； 6. 注重绿色节能技术建筑单体设计； 7. 构建可持续发展评估机制； 8. 强调以人为本的人性关爱细节设计
美国	19世纪末开始20世纪中期基本完成城镇化建设	1. 依靠市场经济的推动作用； 2. 人口流动无属地限制； 3. 小城镇规划建设的法律约束性极强； 4. 小城镇建设的资金来源； 5. 小城镇实行行政管理与政治行为分离； 6. 社区组织对小城镇的发展和稳定起到重要作用
日本	20世纪60年代后期，社区营造活动	1. 地区定位，立足本地，挖掘当地文化、环境、资源等方面的潜力是关键； 2. 建设主体，由当地居民动手建设自己的家乡； 3. 规划建设，注重保护和利用历史建筑，传承历史文化，形成城镇个性和特色； 4. 积极引导市民参与，并与政府形成协作关系； 5. 积极鼓励社区发展教育事业，保障人才供给

续表

国家	发展阶段	建设经验
韩国	1. 1972—1976 年"小城市培育事业"阶段； 2. 1977—1989 年"小城镇培育事业"阶段； 3. 1990—2001 年"小城镇开发事业"阶段； 4. 2001 年以后，制定了"小城镇培育十年促进计划"	1. 可持续的综合规划； 2. 市场机制； 3. 必要的财政支持，政、民共同促进机制； 4. 立法保障

2. 国内小城镇发展历程

从中华人民共和国成立初期到 2015 年，我国建制得以发展，同时因小城镇受政治发展阶段影响较为明显，所以其发展按照不同时期的特点可分为五个阶段，而不同阶段的发展也反映出了社会经济的发展程度。2016 年 7 月《关于开展特色小镇培育工作的通知》颁布，同时第一批中国特色小镇名单发布，而它们作为引导全国其他小城镇发展方向的排头兵，标志着我国小城镇已经进入了新型城镇化发展的崭新阶段（见表 4-2）。笔者认为，2016 年以后小城镇发展进入了创新提升阶段。从前四个阶段可以看出，小城镇的增长单纯是追求数量的结果，而到了 2000 年以后，中国经济发展水平稳步增长，也是城镇化比较活跃的时期，大城市人口不断膨胀，小城镇为了发展经济，吸引人口，大力发展工业，盲目加快城市建设，忽略了生态环境的保护以及小城镇独有的文化特质，使大多数小城镇人居环境不佳、公共服务质量不高、环境污染严重，同时城镇建设照搬大城市的建设模式，导致小城镇资源流失、发展滞后、文化特色尽失。

在新时代，小城镇的发展更加注重创新、协调、绿色、开放、共享的发展理念，且重视生态环境的保护和地域文化的延续。只有因地制宜、突出地方特色，充分发挥政府、市场和民众的多方力量，才能实现小城镇的健康发展。小城镇的主体不同于城市，为非城镇居民，因此小城镇建设更需要以当地居民为主要研究对象，探索符合当地经济、社会、环境的发展道路，通过自下而上的发展模式，以政府为平台、市场为杠杆，鼓励公众参与，同时借助相互协调的发展形式，促进小城镇经济的转型升级，推动新型城镇化和新农村建设。

表 4-2　我国建制镇发展阶段一览表

发展阶段	年代	特点
初始创建阶段	1949—1957	宪法明确"镇"是我国的基层政权，我国至 1957 年底共有 3672 个镇
政社合一阶段	1958—1981	大搞人民公社化运动，镇作为一级人民政府的地位几乎消亡
过渡恢复阶段	1982—1984	1982 年 4 月政社分开。1982 年 12 月 4 日，新修订的宪法又明确规定镇为我国的基层政权
数量增长阶段	1985—1999	1984 年 11 月 22 日，国务院发布了《国务院批转民政部关于调整建镇标准的报告》，建制镇数量增长迅速，至 1999 年底，镇的总数达 19756 个
健康发展阶段	2000—2015	各地的小城镇建设不再单纯追求数量，采取了灵活多样的规划、建设、管理方式，使小城镇的质量进一步提高
创新提升阶段	2016—至今	2016 年 7 月 1 日，三部委发布《关于开展特色小镇培育工作的通知》，强调小镇创新建设理念，转变发展方式，探索小镇建设健康发展之路，促进经济转型升级，推动新型城镇化和新农村建设

（二）天津蓟州区小城镇的主要特征

蓟州区于 2016 年 7 月设立，到目前为止，是天津市最后一个撤县设区的地区，也是天津市唯一的半山区，在京津唐地区其生态优势非常显著。特别是作为燕山山脉生态系统的重要节点，在京津冀都市圈规划中，蓟州被确定为该区域的生态绿心，蓟州区全域范围内的特色小城镇将成为天津市培育特色小城镇建设的示范基地。因此在特色小城镇建设方面，当地相关负责人将通过对本地区特色的研究，提出一套符合当地文化特征的构建方法。全区总面积 1590 平方千米，其中山地面积 840.3 平方千米，平原面积 504.72 平方千米，洼地面积 245.2 平方千米，下辖 26 个乡镇。

1. 城镇规模

天津市作为中国近代工业发祥地，工业发达、工业门类齐全，但是在2000年以前，天津市对北部郊区的工业辐射能力不强，北部地区小城镇在工业发展上相对滞后，因此小城镇的镇区人口和建设规模相对较小。小城镇逐渐发展起来的产业也是以小规模粗放型家庭作坊为主，布局分散、产出率不高、集约利用率较低、产业类型较单一、污染程度较大，因此对小城镇的发展并没有起到很好的支撑作用。

蓟州区的小城镇起步低、发展缓慢。据统计，2020年蓟州区人口规模在2000人以下的城镇占城镇总数的31%，人口总量仅占8%。小城镇成为蓟州区城镇村体系的薄弱环节，等级规模在空间上表现为南部平原区和东部水域区等级规模序列相对合理，而北部山区的城镇等级规模序列不完整，缺少0.5万—1万人口规模的二级城镇。

2. 产业发展

蓟州区域内有53%的用地为山地，15%的用地为洼地，26个小城镇中一级城镇仅有两个。由于小城镇所处的区位条件、自然资源不同，以及受到天津市中心城区及蓟州区中心城区辐射和影响的不均衡，平原近郊镇和山地远郊镇的发展明显不协调，主要表现在规模、经济发展水平及劳动力就业等方面。

首先，平原近郊镇人口规模明显要大于山地远郊镇，因此从人口规模层面来分析，平原镇的人口要明显高于山地小城镇、用地规模相对较大，可发展的空间也比较充足；其次，从经济发展水平层面来分析，平原镇发展条件相对较好，产业类型较丰富、规模经济逐渐完善、就业机会较多，因此近郊平原镇经济发展水平普遍要高于远郊山地小城镇。但近年来，蓟州区生态旅游发展形势良好，给山地小城镇带来了一定的发展机遇。

3. 空间形态

蓟州区小城镇中，除城关镇有一定规模的城镇空间形态外，其他镇的空间形态基本都处于较为初级的"村"向"镇"的转化过程中，更多地表现为"镇""村"并存的状态，空间形态和村庄差异不大。平原小城镇的空间形态更多地表现为村庄的建筑形态多为千篇一律的红砖红顶的排排房，镇区建筑大多数沿着过境道路两侧发展，空间阻碍较大；村庄和田地之间的景观联系较少，特色不鲜明；工业散布状态为沿路布局或沿村庄边缘发展，阻碍了空间拓展。山地小城镇的空间形态受地形影响，建设用地较为分散，成星布状发展；缺乏区域空间发展控制，部分地区生态环境遭受破坏；受山地地形影响，道路交通系统不完善，导致部分地区产业发展滞后。

因此，无论是小城镇的空间布局、居民生活质量、公共服务配套设施、卫生环境、市政设施配套等，还是区域产业发展、特色产业选择都有待完善提升。总之，蓟州区较大部分小城镇的城市化水平和进程并不理想。

4. 城镇用地

建设用地结构单一粗放、用地紧张是小城镇发展建设一直所面临的难题，按照新型城镇化战略和农村宅基地制度改革试点工作的要求，蓟州区成为国家级 33 个新型城镇化综合试点和农村改革试验区之一。天津市各相关部门结合规划设计部门一直在积极探索改变农村宅基地用地标准过高、用地不够集约、非法占用其他建设用地指标等不合理状态的方法策略，试图寻求一条既能保障当前村民的宅基地使用需求，又能满足村民后代新宅基地申请需求的道路。另外，天津市也在寻求既满足小城镇城市化建设，又能协助农村进行符合宅基地改革要求的新型城镇化和新农村建设的措施，只为实现小城镇土地利用的集约化，推进小城镇健康发展。

（三）蓟州区小城镇构建方法的规划研究

1. 统筹城乡空间发展战略，实现小城镇发展的区域前沿

蓟州拥有丰富的自然资源和人文资源，是天津市生态敏感性很强的地区之一，同时又是连接京津冀的重要生态节点。蓟州区无论是在新型城市化还是在新农村建设中，都承担着举足轻重的角色。因此，必须充分研究蓟州区自身具备的自然、人文、生态等资源在区域发展中的影响力，探寻符合蓟州区小城镇发展规划的总体定位，探索符合蓟州区地处不同地理区位和资源环境的小城镇和新农村建设的发展模式。

首先，蓟州区在总体规划中被确定为具有京津唐地区生态旅游和休闲度假基地，天津市水源保护地，天津市历史文化名城，绿色食品生产和供应基地等重要职能的中等规模的现代化旅游城市。蓟州区拥有丰富的历史文化资源和自然山水资源，承接了京津冀地区一定的旅游观光客流，然而蓟州区在多年的旅游发展中，仅仅依托几处文化古迹景点和风景名胜区的

旅游资源，依然是初级水平的观光旅游型城市。因此，当地政府必须从大区域发展的角度出发，不仅要巩固现有产业优势，提升产品品质，同时还需通过差异化旅游产品开发，满足不同人群的需求，形成与北京、秦皇岛互动的山海联动并举、蓝绿互融的旅游产业发展格局。其次，充分发掘蓟州区山水资源，抓住特色小城镇培育工作机遇。充分发掘蓟州区各个小城镇特色资源，积极发展旅游小城镇建设，衔接京津冀区域旅游的开发，形成旅游产业发展相互交融的中心平台。以国内外度假旅游客源市场为突破口，加快实现与区域旅游的产品互补、线路互联、市场互融，成为蓟州区小城镇自然山水、历史人文旅游区独具吸引力的度假旅游目的地，进而成为本次特色小城镇培育发展的区域先锋。

2. 突出乡土人文理念，构建特色小城镇的实力前沿

乡土人文，即关乎小城镇人们的活动及生活方式、地理自然环境、村落、建筑形式、空间聚落、生物等物质环境要素，是当地历史人文发展演变的重要参与者和见证者，它们共同组成了小城镇的独特人文风貌。因此，在小城镇发展建设的过程中，应重点保护和延续小城镇乡土人文，这是特色小城镇构建的关键要素之一。然而，在城市化快速发展的现阶段，发达地区大城市及其周边小城镇的发展已在一定程度上出现了相应的弊病和矛盾，同时中国特色社会主义下的城市发展一直处于探索和发展阶段，所以哪一种发展方式适合哪一类城市或者小城镇的发展问题还有待持续不断的探索和研究。特别是小城镇的发展，涉及的关系要素错综复杂，与城市建设发展截然不同。

因此，面对中国经济发展的新常态，小城镇的发展建设也应当适当放慢步伐，努力寻求适合小城镇发展的模式与方向，并且应当以适应小镇当前的人文要素为前提，适当引进科学的生活、生产方式，并融入现代化的新功能、新需求，进而形成可持续发展的新型小城镇文化与特色。蓟州区拥有丰厚的文化底蕴和优良的生态本底，主要以发展旅游业和生态产业为主，如北部山区乡镇以生态涵养、生态文化旅游为主要发展方向，中部和南部地势平坦，交通便捷，形成了中南部综合产业带。区域位置和地理条件的不同决定了蓟州区南北两部分乡镇的发展方向，同时当地还应大力发掘南北区域各乡镇乡土特色资源，积极探索特色小城镇的发展建设路径和模式，寻求一条符合当前政策要求且又符合乡镇人们切身利益的健康发展之路。

3. 加强生态资源保护，营造人与自然和谐共生的引擎前沿

蓟州区作为天津市的后花园、水源地，其生态保护早在 20 世纪 80 年代引滦入津工程开始就得到了重视，直至今日蓟州区的生态保护工作从未停止，而具体无论是北部原生态山林旅游区、盘山文化旅游产业区、东部山水生态休闲区，还是南部田园旅游体验区都是相应的工作成果。蓟州区针对每个区域的小城镇发展方向和定位都得到了严格控制，北部和东部片区主要以生态环境保护为前提，发展生态休闲旅游产业，而南部平原区则为补充。因此，在特色小城镇培育过程中，应把握小城镇在蓟州区的地域关系以生态优先为首要原则。同时，鉴于蓟州小城镇是包含在整体自然生态系统中的一个社会系统，而综合分析小城镇在整体自然生态空间系统中的区域位置、生态环境特性、气候条件以及与之关联的各类生态环境要素，构建小城镇层面的生态安全网络，最终形成以乡镇为单位的生态安全平衡系统，并使之融入整体自然生态格局之中。

构建整体生态安全格局。依据乡镇地区生态敏感性来划分生态保护范围，对不同生态保护范围确定相应的生态保护等级，并对不同的生态保护等级提出具体的生态安全措施。因此，在我国生态安全格局中，较多的是划定不同安全等级的生态保护线，并根据不同等级的保护范围，针对生态范围内的生态因子提出相应的保护措施。根据不同的保护对象可提出三大生态安全格局。首先以社会经济可持续发展为前提，划定生态功能区，针对承载不同功能的区域提出相应的生态保护措施，维系生态系统的服务功能；其次根据生态敏感度来划定人居环境中的生态敏感区、脆弱区以及过渡区，从而减缓、预防或者控制生态灾害的发生，保障人类生存环境的安全；最后是根据生物物种的多样性提出保护濒危物种的措施，保持地区生物物种的多样性，确保生物资源的可持续性。通过社会、经济和自然三者的协调统一发展，实现整体生态系统安全。

搭建小城镇生态安全层级网络。依据整体自然生态安全系统形成基于小城镇生态安全目标的 "区域安全规划内容—乡镇安全规划策略—安全措施细则" 的层级网络，可为具体的小城镇生态安全规划措施提供结构清晰、系统、易于管理的安全指南。例如，根据某一小镇的生态安全格局提出以山水生态休闲区为核心功能，在区域规划中以区域山水生态景观系统为导向，划定区域生态网络结构，确定生态保护界线，并针对界线范围内

的自然植被、山体、水体等提出相应的保护控制要求，保护区域生态基底。区域内根据不同层级保护要素可制定生态空间结构，为小城镇层面的土地利用提供高效引导。另外，还可以通过制定公共空间安全、交通安全、景观安全、防灾减灾等措施，促进小城镇生态安全发展。

4. 拓展创新功能结构，落实宜居宜人的空间前沿

从国内外小城镇发展经验来看，城镇建设中的空间结构布局是根据小城镇产业、生活等不同功能类型的活动特点，以及此类活动对环境质量的要求和影响程度，在空间上划定不同功能活动的区域范围，形成有序的稳定的空间功能布局，以改善小城镇散点式的发展格局，从而使小城镇无论是在产业发展，还是在生活环境上，都能有一个质的飞跃。

在宏观层面，综合考虑北部山区的生态环境容量，当地可通过区域整合，让资源丰富地区带动资源单一地区，使全区域系统协调发展。以北部山地旅游产业发展为例，如西北部通过盘山景区带动官庄镇旅游服务配套发展，完善官庄片区的旅游服务配套资源，优化旅游服务环境，提升就业机会。具体而言，北部山区整合下营镇黄崖关景区、八仙山—梨木台—九顶山景区、九龙山景区等协同发展，促使周边罗庄子镇、穿芳峪镇、孙各庄乡、马伸桥镇等几个资源单一、特色不突出、发展相对滞后的小城镇得以迅速发展；通过片区旅游人群流量分析研究及设置泛景区概念，在罗庄子镇的西侧平谷方向和南侧蓟州城区及天津城市方向分别规划两个入口，在交通节点位置规划设施交通接驳驿站，同时在旅游集散区设置丰富的休闲、运动、教育等多种活动区域，构建健康、宜居的小城镇特色环境，以满足旅游人群的住宿餐饮需求，分解下营镇各景点的旅游人群，减少人流过于集中、环境容量饱和等问题，避免造成生态环境破坏的局面。同时，其也可结合穿芳峪、孙各庄、马伸桥镇的旅游发展的潜力节点，通过网络化技术手段，将各旅游节点和旅游线路串联起来，建立蓟州区旅游指南App，为游客提供资源分析，避免资源堵塞。

在微观层面，针对每个小城镇区位条件和功能空间的创新构建，当地可从区域整体角度出发，通过搭建整体规划框架，注重区域协调发展，留有弹性发展空间。在小城镇核心区的发展规划中，政府应当充分考虑小城镇的功能定位，在解决当地居民生活需求的同时，预留旅游服务配套设施空间，注重核心区乡土景观营造，同时对传统小城镇的传统特色风貌加以

保护与利用，精心营造特色景观，增添小城镇的独特魅力。针对小城镇空间尺度的发展，原则上以小尺度划分街区，根据自然地形特征因形就势布局，同时提高地块兼容性，提升小城镇的活力空间。完善交通连接的系统性，串联区域公共交通，提高小城镇内外交通的可达性。小城镇空间布局的创新应以复合多样的有机分区和聚落模式为建设重点，使蓟州区小城镇的建设成为活力内聚、生机盎然的绿色生态节点。

随着天津市响应国家号召，重点关注培育特色小城镇的建设和管理工作，政府对小城镇基础设施、重大项目建设等各项政策的落实，蓟州区小城镇得到了快速发展，正处在一个新的发展时期。这个阶段是小城镇的特色风貌、生态环境、历史人文等特色小镇要素保护与构建的关键时期，所以要通过对蓟州区小城镇现状特征的分析和研究，提取不同区域小城镇的特点要素，为蓟州区新型小城镇的协调发展确定当前社会发展过程中小城镇在人文、自然、环境等方面所担负的责任与义务。

第三节　文化旅游名镇——以陕西省留侯文化旅游名镇为例

一、文化旅游名镇的发展导向

只有将深埋于历史和山川中的特色文化小镇的价值发掘出来，转变发展结构，以旅游业带动社会经济建设，以旅游业充分吸收乡村人口和剩余劳动力，以旅游业带动传统农业生产方式的转变，才能实现文化旅游名镇品牌建设与镇村社会经济发展腾飞的双重目标。我国应坚持实施"以城镇为依托，以文化为形象，以旅游为路径"的方针，重点抓好文化旅游名镇（街区）的"文化支撑、产业支撑、环境支撑、精神支撑和精品支撑"，集中力量建设文化旅游名镇，打造区域性热点旅游景区。

多年来，政府持续加大政策支持力度，以提升规划水平、传统风貌、设施功能、生态环境、服务能力促进文化旅游名镇（街区）建设，深入发掘和充分体现地域风貌特色和文化内涵，打造宜居宜游的特色小镇，从而高效促进小城镇对城镇化人口的吸收，带动乡村传统产业调整和转型。

文化旅游名镇在建设过程中坚持"以城镇为依托，以文化为形象，以旅游为路径"的方针，全面坚持"传统形态、多元文态、宜居生态、旅游业态"四态同步发展，所以省级文化旅游名镇的品牌效应开始显现，大部分名镇都已成为游客的重要旅游目的地。文化旅游名镇的成功建设充分彰显了"绿水青山就是金山银山"理念，同时它们不断发挥历史文化的经济价值，走出了一条"以旅促镇、以镇带村、镇村融旅"的绿色循环发展之路，为其他具有历史文化资源的镇村发展提供了可资借鉴的路径。

二、陕西省留侯文化旅游名镇实践

（一）旅游发展思路与目标

1.总体开发思路

（1）"县、镇、村、景"四素同构，文化旅游与城镇建设和谐共建。系统城镇建设将留坝县、留侯镇、三村（庙台子、营盘、闸口石）、紫柏山、张良庙景区联合起来，推动城乡统筹建设发展，促成了一县—镇—村—景区的四级系统管理结构，并对不同区域内的基础设施、公共服务设施及旅游服务设施进行了合理配置。旅游文化协同将张良庙、紫柏山景区的文化大背景作为村镇建设的特色文化基底，并根据村镇各自细分文化特色打造"一个核心景区，一座文化旅游服务区，两个特色旅游村落"，在进行村镇建设的同时，丰富景区文化内涵，提升景区服务接待能力，带动了村镇产业发展。景区和村镇互依共进，旅游业与城镇建设和谐发展。

（2）文化深剖、景区联动、精致服务，打造国家级历史文化名镇。以留侯张良庙、紫柏山风景区大文化背景及大自然风貌为名镇文化基础，并在此背景下深度挖掘镇区张良归隐、张良谋略、汉古驿站、本土民俗等特色文化资源，以及闸口石村养生文化资源、营盘村三国文化资源。分别以张良、诸葛亮等为古镇名人代表，通过文化景观、街巷风貌、特色项目、系列演绎等多种形式对古镇文化进行展示弘扬。在塑造主题文化形象的同时，组织村镇与景区间良好交通，紧密衔接景区与村镇，打造精致独特的旅游服务，同时以景区带动村镇，村镇服务景区，将留侯镇打造为国家级历史文化名镇。

（3）"一座文化旅游服务区"——镇区要核。镇区是规划范围核心文化——张良文化的集中展示体验地，主要建设要素如下：

　　文化古镇风貌。整体风貌——汉风遗韵古镇；局部建筑及小品元素——汉风格建筑、古驿站元素、民俗小品；背景景观——溪流、河道、山林、耕地等秦巴山水。

　　古镇文化。张良归隐文化、谋略文化、驿站文化、民俗文化。

　　功能特色。张良文化、驿站文化展示体验，文化节庆及演绎，特色文化购物。

　　产业。旅游业、文化产业、镇区产业（农业、加工业）等。

　　（4）"两个特色旅游村落"——两村异彩。两个特色旅游村各有文化主题与形象特色，整体构思如下：

　　强化特色村落与留侯镇、紫柏山、张良庙景区的联系，并联合县城，沿主要道路呈线性点状发展。

　　2.总体发展定位

　　以张良庙、紫柏山景区大文化背景、大自然风貌为基底，依托山水资源、镇村特色文化、景区知名度，构建"一景区，一服务区，两村，四素同构"的城镇建设与旅游发展格局，形成以张良相关历史文化为主题，以古镇开发为核心，以乡村建设为特色，兼具休闲养生度假、三国文化体验等特色功能，以张良文化为主题的国家级历史文化旅游名镇。

　　（二）旅游发展总体战略目标与产业规划

　　依据当地有利条件，将留侯镇打造成中国谋略文化展示地、国家级历史文化旅游名镇、秦巴山水生态养生度假目的地、陕西省文化旅游古镇示范镇和汉中市闸口石养生度假名村。

　　1.客源市场分析

　　（1）现状分析。留侯旅游市场处于开发初始阶段，其本身的旅游资源优势不明显，主要的客源市场包括留坝县、凤县、太白县、汉中市等周边地区。客源类型主要为来自张良庙－紫柏山景区的过境游客和观光游客，一般停留时间短，消费水平低。同时，依托独特深厚的人文旅游资源和优美的自然旅游资源，留侯镇拥有了大量的文化观光市场、休闲养生度假市场、乡村旅游市场。

　　（2）需求分析。留侯镇旅游客源市场以国内市场为主，因此在本次客源市场分析中，以国内客源市场趋势为研究对象，具体如下：①自助旅游的观光度假者逐渐成为市场主体；②散客现已成为短途出游市场主体；③

133

三大黄金周吸引当年最多的旅游者；④观光、度假旅游逐渐增加，旅游消费不断提高；⑤自驾游和自助游逐渐成为新风向；⑥"互联网＋旅游"日益显示其重要性。

（3）客源市场定位。

①空间市场定位。留侯文化旅游名镇客源市场空间上分为一级基础市场目标、二级拓展市场目标和三级机会市场目标。

首先，一级基础市场目标。受区位关系、旅游资源的差异性、消费能力三方面的影响，尤其是留侯镇距留坝县仅12公里，留坝县以其地理区位优势，将始终是留侯名镇旅游市场的重要支撑。以汉中为中心，包括勉县、南郑区、城固县，环留侯周边凤县、太白县以及关中城市群是留侯旅游的重要客源地。同时，巴宝高速和316国道可方便快捷地引导宝鸡、安康、西安、延安和榆林等城市客源到达留侯。

留侯以其独特的历史人文环境、优美的山水资源和怡然的南方田园景观，成为文化观光、休闲度假和乡村旅游的绝佳去处，加上其具有地方特色的板岩街道、山区民居建筑、山区农家风情，对久居城市的居民来说具有很大的吸引力。

其次，二级拓展市场目标。甘肃、宁夏、四川、重庆四省（自治区、直辖市，以下简称"省"，以及湖北十堰、山西运城等省级地区为二级目标市场。该市场距离留侯较近，交通条件相对较好，历史上联系密切，人员往来频繁，是留侯镇应重点加以拓展的高潜力市场。

最后，三级机会市场目标。其他各省份国内游客、东南亚等国际游客，以及对以张良为代表的谋略文化和三国文化感兴趣的游客大多会积极参与一定的主题游活动，如"三国游""韬略游"等，益于国际"飞地型"旅游客源市场迅速形成。

三级目标市场联合组成留侯名镇未来的客源市场。

②专题市场细分。

其一，文化旅游市场。文化观光——以文化遗迹观光、山岳文化瞻仰为内容的文化观光市场占据很大比重。文化体验——留侯名镇以三国文化、谋略文化为代表，设计了大量文化体验性强、参与性强的子项目，便于游客深入了解三国文化和驿站文化。文化休闲——当今文化旅游市场的主导方向渐渐由观光型转向休闲型。留侯镇有丰富的文化底蕴和自然资源，能够通过旅游项目的打造和外围环境的梳理，形成良好的文化休闲市场基础。具体要从历史文化主题休闲度假、山水生态养生主题休闲度假、乡村民俗休闲度假这几个方面着手打造，举办主题鲜明的文化休闲活动。

其二，宗教旅游市场。依托张良庙–紫柏山风景区，以张良为核心的道教文化是留侯名镇的一大特色。宗教旅游市场具有稳定性好、旅游消费较低等特点。留侯名镇宗教旅游市场有一定的开发基础，可在此基础之上对道教文化深入挖掘，形成具有核心竞争力的宗教旅游产品。

其三，生态旅游市场。生态观光——处在秦岭南麓的留侯名镇属于大秦岭山系，自然生态资源丰富，花香馥郁，环境优美，以山岳型生态资源为代表，形成了山环水绕、山水相印的美景，可以为生态观光提供良好的资源支持和基础。生态休闲——生态休闲产业的发展已成为旅游产业新的经济增长点，留侯名镇生态休闲主要围绕山岳生态休闲、水体生态休闲、乡村生态休闲三个方面展开，还可以积极发展山岳森林养生度假、水体休闲娱乐、乡村生态体验等，激活生态旅游，赋予生态资源全新的活力。

其四，自驾自助市场。生态观光旅游和休闲度假旅游是自驾车出游的主要动因，西安—汉中、汉中—太白等黄金驾车旅游沿线风光优美、民风淳朴、气候适宜，景区应当以关中–天水经济板块为依托，依托其良好的生态和交通优势，为游客自驾车旅游提供一个好去处。

（4）客源市场开发建议。

①空间市场开发。留侯名镇旅游客源市场开发以汉中、宝鸡、咸阳、西安以及安康等地的客源为主要对象，政府有必要完善旅游产品的开发和旅游配套设施建设，着力将其打造成西北地区乃至全国闻名的融丰富人文景观和优美自然景观于一体的旅游古镇。未来，政府应将甘肃、宁夏、四川、重庆，以及湖北十堰、山西运城等国内客源市场与国际客源市场并重，进一步巩固扩大国内旅游市场，使其成为具有一定国内知名度、地域特色鲜明、旅游产品丰富、旅游体验上佳、旅游品牌形象良好的旅游强镇。

②专题市场开发。留侯名镇坐山拥水，山水相映，结合秦岭山水资源、紫柏山自然资源，可形成集生态观光、休闲、养生、度假于一体的旅游产品，使对自然旅游资源感兴趣的游客市场不断扩大，从而促成与人文旅游资源并重的旅游客源市场。

（5）客源市场预测。根据当前人口规模、未来规划、留侯名镇和特色村落建设的预期，张良庙 4A 级景区提升的预期，以及对未来人口规模的测算，预计未来张良庙景区年接待人数能达到 60 万人次以上。

2. 旅游产业规划

（1）文化旅游产业引导。旅游产业根据形态和产值的不同分为旅游服务业、旅游地产业及文化产业。

①旅游服务业。分布于一镇三村，依托于紫柏山 – 张良庙景区的旅游服务体系，产业实体包括住宿、餐饮、接待、交通、休闲、购物、娱乐等服务，规划的重点是依托紫柏山 – 张良庙景区、古镇开发及特色村旅游等，综合"吃、住、行、游、购、娱"六大旅游要素，形成一套完善的旅游服务体系。

②旅游地产业。古镇及特色村落的建设是旅游地产业发展的契机，其发展主要依托旅游地产项目的建设，产业实体主要包括集中于镇区核心街区、生活居住区、服务区的商业街区建筑、民居建筑、休闲设施等，以及村落的民居建筑。旅游地产业的开发和发展依托于古镇、特色村落的开发以及人气的提升，随之带来的是地价的上升，土地和民居的商业价值激增，为当地打开了广阔的增收窗口，大力拉动了经济发展。

③文化产业。古镇开发以张良文化、谋略文化为主题，同时融合了民俗文化、文学艺术、民间工艺、农耕文化等。产业实体主要包括民俗演绎活动、文化艺术展览、工艺品购买、田园观光等，依托于这些文化资源，大力发展文化体验、文化观光等产业。

（2）具体规划。

①历史文化游：依托张良庙、张良谋略文化，设置谋略馆、"五铢满盈"文化商业街等项目，开展深度历史感文化游。

②生态观光游：位于秦岭南麓的留侯名镇气候宜人，生态环境良好，更有秦巴千里栈道第一名山紫柏山和优美的北栈河风光，有利于发展秦岭山水生态观光游。

③养生度假游：依托留侯较好的西洋参种植基础，开发一系列以药膳养生为主题的旅游项目，设置大型高端养生主题酒店、西洋参养生园等，让游人在优美良好的环境中养生养心。

3. 非物质文化遗产保护与开发

（1）基本概况。留侯镇所在的留坝县非物质文化遗产丰富，有市级 2 个，县级 21 个。留侯较具特色的、典型的遗产包括民间歌谣、民间舞蹈（狮子坝地社火）、耍狮子摆阵、破阵营、留坝民间故事、张良庙花木手杖、张良庙庙会、张良与紫柏山的故事及当地婚俗葬礼等。

（2）保护目标。对留侯非物质文化遗产的保护使一批完全继承文化遗产的年轻泥塑艺人得以涌现，并自觉形成传承体系，延续不断。各种非物质文化遗产作品更加丰富、灿烂，使人们对铁边城非物质文化遗产更加热爱，对其文化的挖掘更加深入，并将其发扬光大，使其成为民间文化交流的重要纽带。

（3）保护措施。充分运用现代科技手段，对各类非物质文化遗产形式进行形象化的采录，形成文字、图片、音像资料，并编制成各类资料片。

积极组织县文化馆、文化站以及社会热心公益事业人员，组建普查工作队伍，并分期、分批、分层次对他们进行业务培训，明确工作任务和普查标准，为全面完成普查任务奠定良好的基础。

成立留侯名镇非物质文化遗产普查工作领导小组，及时召开会议，安排部署各项工作任务，全面落实普查工作经费，为各项工作的顺利开展提供有力的保障。

（4）保护机制。成立非物质文化遗产保护领导小组，下设办公室和非物质文化遗产专项保护小组。实施分工负责、专项管理机制。①争取专项保护资金，实施项目管理与资金保障机制；②研究制定《留侯非物质文化遗产保护办法》，依法保护；③适当实施政策扶持与市场引导相结合的发展机制；④建立世代传承，广泛传播的长期保护机制。

（三）留侯文化旅游名镇城镇建设规划

1. 村镇发展现状

留侯镇村庄大体分布于三个区域：分布于 316 国道的有桃园铺村、枣木栏村和庙台子村，这三个村庄交通便利，村民居住集中，村庄建设整体较好；分布于紫柏山附近的有闸口石村和营盘村，这两个村庄交通比较便利，依托紫柏山开展旅游活动，村庄建设比较好；分布于庙台子到闸口石林场路上的有月九村、瓦泉寺村、火烧关村，这三个村庄位置较偏，交通建设比较落后，村民居住分散，管理较困难，村庄建设比较零散。

2.村镇等级划分

根据《镇规划标准》，村庄按人口规模分为小型村、中型村、大型村、特大型村，留侯镇村庄人口规模均在1000人以下，没有特大型村落。其中，大型村落占12.5%，中型村落占50%，小型村落占37.5%，如表4-3所示。

表4-3　村庄人口规模分级

人口规模（人）	等级	数量	名称
<200	小型	3	月九村、瓦泉寺村、火烧关村
201—600	中型	4	庙台子村、营盘村、闸口石村、桃园铺村
601—1000	大型	1	枣木栏村

3.村镇发展原则

加速城镇非农产业发展，吸引农业人口进镇居住生活、就业，促进农业规模化、产业化发展。

适当迁并人口较小、发展条件较差的农村居民点，引导人口向镇区、中心村集聚，构建合理的镇区—中心村—基层村居民点体系。

完善镇区、中心村以及基层村的基础设施和公共服务设施建设，改善居民生活、生产条件，努力实现城乡公共服务均等化。

对国家规定的退耕还林坡地一律退耕，减少对生态的人为破坏。

发展中以综合防灾为基本出发点，以预防为主，尽可能减少山区灾害对居民的危害。

4.村镇体系布局

留侯镇从自身发展条件出发，从空间和经济两个方面对村镇体系进行规划。

（1）在空间结构上，综合交通条件、人口条件及可建设用地等多方因素形成了三个层次的空间结构：以镇政府驻地枣木栏村为镇域发展中心，为村镇体系第一层次；8个村民委员会所在地为中心村，位居第二层次；34个村民小组为第三层次。

（2）在经济结构上，分为两级规模，一级规模包括桃园铺村、枣木栏村、庙台子村、闸口石村和营盘村。桃园铺村邻近留坝县城，作为县城与留侯镇之间的经济服务区进行建设；枣木栏村为镇政府所在地，又位于紫柏山 – 张良庙景区大门处，主要集中进行城镇建设和旅游服务区建设；庙台子村位于张良庙附近，依托张良庙建设成为景区服务性村落；营盘村与闸口石村距离紫柏山较近且生态环境优良，建设成为景区服务型休闲度假地。二级规模包括月九村、瓦泉寺村、火烧关村。我们鼓励这三个村落的居民迁出，向枣木栏村和留侯镇其余村庄发展，利用本地资源，发展天麻、木耳、香菇等土特产品生产，整体解决村庄的人口与经济发展问题。

5. 村镇规模规划分级

规划期内形成镇区、中心村和基层村三级村镇等级体系，如表4-4所示。

第一级：镇区，人口规模0.2万人。

第二级：中心村，人口规模>1000人。

第三级：基层村，人口规模500～1000人。

表4-4 留侯镇镇村规划等级规模划分

等级	规模（人）	村数（个）	村镇名称
镇区	0.2万	1	枣木栏村
中心村	>1000人	4	桃园铺村、庙台子村、闸口石村、营盘村
基层村	500—1000人	3	月九村、瓦泉寺村、火烧关村

三、名镇镇区建设规划

（一）城镇性质与规模预测

（1）留侯镇性质。留侯镇依托张良庙 – 紫柏山风景区，是张良文化、归隐文化、谋略文化和汉文化的集中展示地，结合闸石口村、庙台子村和营盘村三个自然村落的打造，塑造风格不同、形象迥异的特色村落。因此，政府要深入挖掘留侯地域特色，整合现有旅游资源，打造陕南特色休闲度假文化古镇。

（2）镇区总体空间布局及土地利用。

①用地布局原则及构思。处理好文物保护、城镇建设、旅游发展及其他功能之间的关系，使各功能各展所长、有机结合，避免相互干扰，形成

合力，促进城镇发展。

②充分利用有利的交通条件，带动城镇发展。镇区内部主干路应与316 国道有较好的联络，同时结合绿化及历史情景小品形成形象展示带。

③适度提高公共服务设施配置标准，增加服务于农村的用地类型，建设县域副中心，带动地区城镇化。中小学、幼儿园及医疗卫生设施用地需兼顾镇区内部居民及辐射地农村居民的需要，适度提高建设规模和标准。

④组团自由式镇区形态与自然融合，打造园林旅游城镇。镇区中部为北栈河自然水系，河岸曲线自由，北侧、西南、东侧均为植被覆盖率较好的自然生态林，形成了"大水大绿、城镇穿插"的格局。当地应增加镇区内部带形道路绿化和块状公共绿地，使其与组团外围绿化形成网络，增强镇区园林化特色。

（3）镇区用地结构。根据用地选择，可规划留侯镇"一轴两区"用地结构，一轴是指镇区以316 国道为东西主轴，两区是指316 国道以北为镇区管理区，316 国道以南为景区管理区。两区由316 国道和北栈河分开，功能明确，一轴又将两区有机地联系在一起，形成完整的城镇空间布局。

（二）古镇旅游总体布局与项目规划

（1）旅游发展总体布局。充分研究留侯镇的区位资源条件及未来旅游发展态势，镇域旅游规划形成"1+1+2"的空间布局，即"一个核心旅游景区，一个古镇服务区，两个特色文化旅游村落"。

（2）旅游发展分区规划。①张良庙核心旅游景区；②留侯文化古镇服务区；③闸口石民俗文化旅游村；④营盘三国特色文化旅游村。

四、文化旅游名镇建设规划内容

文化旅游名镇建设规划应当依照《中华人民共和国城乡规划法》执行镇规划组织与审批的具体要求。在编制文化旅游名镇建设规划时，政府应当做到符合国家和地方相关标准和技术规范，采用符合国家相关规定的基础资料和图纸。同时，还要做到符合国家《历史文化名城名镇名村保护条例》《风景名胜区条例》有关规定的要求。

文化旅游名镇建设规划不同于一般镇规划，也不同于一般旅游景区规划。文化旅游名镇建设规划的内容深度应达到《镇规划标准》《旅游规划通则》的具体要求，近期建设规划内容深度应符合《陕西省城市规划管理技术规定》的要求。文化旅游名镇建设规划的基本内容包括名镇旅游发展规划、名镇建设规划和近期发展规划。

（一）名镇旅游发展规划

（1）历史文脉研究。对镇历史沿革、自然地理格局、历史文化状况，尤其是非物质文化遗产进行充分调查与研究，发掘文化旅游内涵，凝练出文化主题，确立文化主题和发展方向。

（2）旅游发展基础条件研究。对镇旅游开发的地理区位条件、经济区位条件、交通条件、自然环境条件、旅游资源条件、社会经济发展条件、镇整体风貌等方面进行深入研究，对文化旅游资源进行分类和评价，分析名镇文化旅游发展的优势、劣势、机遇和挑战，充分把握名镇文化旅游发展的基本定位和方向，确定文化旅游资源开发和保护的思路，提出对历史遗迹、文物古迹等文化旅游资源开发和保护的对策。

（3）文化旅游发展规划研究。在对旅游发展基础条件进行研究和判断的基础上，政府先要解决产业如何长久持续发展的问题，制定合理可行的文化旅游产业发展策略，做全做大文化旅游产业链，为镇谋求持续发展的动力。确立名镇今后一定时期内（10年）的文化旅游发展思路和目标，重点进行文化旅游项目的策划和包装，开发与名镇产业发展相配套的文化旅游产品，做好旅游线路的组织规划，配备一定标准的旅游服务设施、环境景观设施和安保系统。同时，政府要重视对非物质文化遗产、文物古迹等的保护与利用，提出保护方案和保障措施。

（二）名镇建设规划

（1）镇发展研究。充分研究文化旅游市场需求状况，把握市场未来发展趋势，科学合理预测名镇文化旅游市场规模，制定名镇文化旅游市场发展定位与发展目标，较好地预测和把握文化旅游名镇年接待游客的总体规模，为镇发展空间和活力的进一步释放奠定良好的基础。在考虑环境容量和承载能力的基础之上，结合游客数量科学预测名镇的人口规模与用地规模。

（2）镇空间布局研究。名镇规划布局本着"修旧如旧，不大拆大建"的原则，结合旅游活动和镇居民生活，科学合理布局镇各类用地，提出用地的建设标准。镇各项用地空间应当与开展旅游活动的区域用地统一布局，做到镇区即景区，景区即镇区。

（3）内外道路交通体系研究。做好镇区内部与对外的交通规划，结合游览线路、旅游景点分布、旅游服务设施布局，处理协调好旅游交通与镇居民交通之间的关系，合理确定镇内外交通线路与公路的衔接，旅游站点与公共站点、机动车与非机动车的换乘。基于大众汽车消费和休闲度假时代特征，解决好镇区和景区的停车问题，制定停车场地建设指标和控制规模，同时做好旅游标志的设计与系统布设。

（4）镇特色风貌塑造与保护研究。结合文化旅游名镇的历史文脉和传统布局，保护好镇区范围内外的农田、河流、山体等自然地形与地貌，结合山、水、田、林整体塑造镇的总体形象。根据名镇文化旅游主题和特色，控制好镇区的建筑风格、高度、颜色和材质等，做好镇区绿地景观系统的规划设计，塑造特色鲜明、生态环境幽雅的文化旅游良好形象。同时处理好镇区发展与周边自然环境的关系，保护好山、水、田、林等自然环境。根据需要保护的文化旅游资源等级，划定保护范围和界限，确定保护内容，提出保护措施、开发强度等要求。

（5）市政设施规划研究。统一规划布局镇区与景区（点）的给水、排水、电力、通信、供热和环卫等基础设施，参照镇或景区配套市政设施的较高标准进行建设。

（6）公共服务设施布设研究。参照《镇规划标准》《旅游规划通则》中有关公共服务设施配置的标准，统一规划布局必要的旅游公共服务设施。这些设施的布设可进行景观化处理，但不应影响名镇的整体风貌。

（7）防灾避难规划研究。根据镇和景区发展需要，制定有关消防、抗震、防洪、防雷、防止山体滑坡及泥石流的专项规划，制定镇区必要的紧急防灾避难场所的规划方案，降低突发灾害事件对文化旅游活动的影响。

第五章
乡村的规划
与建设

第一节　乡村规划与乡村振兴

乡村振兴是一项长期、系统的工作，推进乡村振兴战略，科学合理的规划是重要抓手与保障，所以政府要充分发挥规划的引领性和前瞻性作用，有计划、有步骤地加以推进，同时既要注重村庄总体规划的引领作用，又要注重村庄产业、村庄建设、住宅建设、道路交通、生态环境、基础设施、文化保护等系统专项规划的衔接作用，实现多规协调、相互融合，合力建设美丽乡村。

在乡村振兴过程中，乡村规划应该发挥"龙头"作用，担负起引领乡村整体发展的重担。这既是乡村发展新阶段的历史使命所要求的，又是城乡规划的行业属性所决定的，更是 2008 年开始实施的《中华人民共和国城乡规划法》所赋予的不可推卸的责任，其第一条就开宗明义地提出"协调城乡空间布局，改善人居环境，促进城乡经济社会全面协调可持续发展"是城乡规划的任务所在。

在新时代背景下，乡村振兴战略对乡村规划工作提出了更高的要求。在乡村规划编制中，各级政府应全面贯彻党的十九大精神，以习近平新时代中国特色社会主义思想为指导，紧紧围绕统筹推进"五位一体"总体布局和协调推进"四个全面"战略布局，牢固树立和贯彻落实新发展理念。在实施乡村振兴战略过程中，政府应坚持农业农村优先发展，坚持绿水青山就是金山银山的理念，满足广大农民过上美好生活的愿望，统筹城乡发展，统筹生产、生活、生态空间布局，以乡村最迫切的问题为导向，让村民共同参与规划编制，切实解决好群众最关心、最直接、最现实的问题，不断提高乡村地区民生保障和公共服务供给水平。另外，政府需以建设美丽宜居村庄的目标为导向，以农村垃圾、污水治理和村容村貌提升为主攻方向，动员各方力量，整合各种资源，强化各项举措，加快补齐农村人居环境突出短板，为全面建设社会主义现代化国家打下坚实基础。

在多年的实践中，党和政府始终坚持规划先行的工作方式，突出乡村规划的战略性、指导性、操作性、衔接性、约束性、体系性与政策性，在完善规划体系、规划编制技术要求、规范标准制定、实施行动抓手、治理决策创新等方面构建了一套有效的机制。在乡村规划中，政府既要提出思路要求又要明确方法措施，既要考虑长远又要兼顾当前，把乡村振兴与美丽乡村建设、农村人居环境整治、历史文化名村与古村落保护等有机结合起来，完善一张蓝图干到底的制度措施，确保执行有力、落实到位。

第二节　新型农村社区

在社会主义现代化背景下，农村治理一直是我国社会治理的重中之重，也是我国社会治理的难题。党的十八大以来，在全面实施新型城镇化战略的背景下，在全面深化改革，推进国家治理体系和治理能力现代化的总目标下，新型农村社区作为我国城镇化体系的末端，成为打破城乡二元结构、解决"三农"问题的重要抓手。大规模进行新型农村社区建设是我国农村发生的一场深刻变革，也使农民的生产生活方式面临重大变化。近年来，我国新型农村社区建设处于快速发展阶段，经历了一个从无到有、由点到面的发展过程，取得了明显成效，但随着新型农村社区的快速发展，从长远目标和客观实际情况来看，一些亟待解决的矛盾和问题已然出现。因此，在理论上如何坚持党和国家的新型农村社区建设思想，建构新型农村社区治理理论，在实践上如何创新和发展新型农村社区治理，推进新型农村社区治理现代化，都是富有重大意义的研究课题。

一、新型农村社区的内涵与基本特征

社区是一个古老的名词，随着时代和社会的发展，又有了新的内涵与特征。不同的国家、不同的时期对社区有不同的理解。在新的时代背景下，我们对社区这个名词的理解也不同于传统学者对社区的理解。由社区到农村社区，再到新型农村社区，代表了从农业社会向工业社会转变以来人们对社区概念理解的不断变化。

（一）社区的内涵与基本特征

现代意义上的"社区"概念来自西方，它起源于拉丁语，意为共同的东西和亲密的伙伴关系，是一个社会学概念。德国社会学家斐迪南·滕尼斯将"社区"理解为一种社会共同体，芝加哥学派将"社区"理解为一种人和组织制度的汇集。最早把"社区"理论运用于我国传统乡村研究的是费孝通，他认为传统农村社区就是一种"熟人社会"[①]。

在改革开放以前，社区的建设与实践由于受多种因素的影响，几乎没有任何实质性进展。随着十一届三中全会的召开，我国逐步建立了社会主义市场经济体制，社会阶层和结构发生了深刻变化，社区迎来一个新的发展时期。20 世纪 80 年代，民政部首次在城市建设领域运用了"社区"概念，提出要通过城市社区服务的现代化推动城市发展的现代化。

自"社区"概念在我国出现以后，对"社区"的研究蔚然兴起，对其概念的定义多达 140 余种。但从总体来看，关于"社区"概念的定义不外乎两种：一是从功能性的角度进行定义，提出社区是公共管理的最小单元，指出了其在整个社会管理中所处的地位、所起的作用以及发展的方向；二是从地域性的角度进行定义，将社区分为农村社区和城市社区，两种社区具有不同的历史渊源、基本特征以及心理认同[②]。

但无论何种定义，针对何种社区，都承认现代社区的发展，并且社区具备以下几个基本特征：第一，社区指的是在特定范围内的居住环境与空间，有明确的地域。地域要素是一个社区存在及发展的最基本地理条件，为居住的成员提供了稳定的生产和生活场所。第二，社区一般居住着一定数量的社区居民，这些居民之间往往以一定的社会关系为纽带，形成了社会发展的共同空间，并承担着发展和繁荣社区的重任。第三，社区都有一定的社会组织和机构。社区作为一个社会生活共同体，需要有一定的组织和机构去维护它的正常运行，如党支部、社区居民委员会和社区服务中心等。这些组织和机构负责处理社区公共事务，调解邻里纠纷，调节社区各个群体之间的利益关系，通过彼此之间的互相协调配合，共同维护社区的健康发展与运行。第四，社区都有一定的基础设施和公共服务设施，如能源设施、给排水设施、交通设施、邮电通信设施、医疗卫生设施等，这些基础设施是否完备和正常运行在很大程度上影响着社区居民的生活质量。

---

① 李增元.基础变革与融合治理：转变社会中的农村社区治理现代化 [J].当代世界与社会主义，2015(2):166-172.

② 王思斌.社会学教程 [M].2 版.北京：北京大学出版社，2003:17.

（二）农村社区的内涵与基本特征

农村社区也称乡村社区，这一概念是相对于城市社区而言的，主要指以农业活动为基础聚集起来的人们生活的共同体。通常，农村社区是在一个或者几个相近村庄的基础上，经过搬迁改造建成的。在改革开放以前，理论界对于社区的普遍印象集中于城市，主要指以城市居民为主体而建成的人们生活的共同体。在某种意义上，只要一提"社区"这个概念，就是特指城市区域的生产生活状态。随着经济的迅速发展，农村地区出现了一种类似于城市社区的新型村镇，这一现象要求理论界进行思想突破。2006年10月，党的十六届六中全会召开，会议通过了《中共中央关于构建社会主义和谐社会若干重大问题的决定》，明确提出"积极推进农村社区建设，健全新型社区管理和服务体制，把社区建设成为管理有序、服务完善、文明祥和的社会生活共同体"。随后，民政部先后推出"全国农村社区建设实验县（市、区）""农村社区建设实验全覆盖"的战略规划。在上述政策的指导下，我国关于农村社区建设的理论和实践取得了长足进步和丰硕成果。

在中央文件正式运用"农村社区"这个概念以前，农村社区就已经被专家学者关注。在中央文件对"农村社区"这个概念进行界定以后，专家学者们对农村社区进行了进一步的阐释和论证，并对农村社区的发展进行了更加深入的理论探索。总体而言，近几年学术界对"农村社区"的探索主要围绕着两个方面进行：一是从地域上对农村社区进行界定；二是从组织形式上对农村社区进行界定。在地域上，传统农村社区是有别于城市社区的生产生活共同体，它们一般就地建成，社区选址与原有村庄之间存在千丝万缕的联系，大部分由原有村庄发展而来。在组织形式上，传统农村社区一般沿用改革开放以来的组织形式，"队为基础，集体所有"，在社区内划分几个生产队，每一个生产队都是一个独立的核算单位，村党支部和村民委员会对各个生产队进行管理。这种传统的农村社区具有以下特点：

第一，社区内生产生活的主体是农民，以从事农业为主。农民是社区的基本构成因素，也是社区的建设者、维护者和参与者。

第二，与城市社区比较而言，农村社区居民受教育程度相对较低，综合素质有待提高。农村社区传统的经济文化结构也很难留得住高学历、高素质、高水平的人才。

第三，农村社区的居民人口密度低，居住较为分散，他们一般呈现独门独户居住形态。由于农村社区的居民开始向城市流动，农村社区村庄"空心化"问题日益严重，人口数量日趋减少，人口密度慢慢降低，并且这一趋势逐渐加快。

第四，农村社区的基础设施和公共服务设施比较落后。由于国家的各种资源都倾斜在城市，所以大部分村庄都谈不上什么基础设施和公共服务设施。但近几年，随着经济的发展，农村社区交通、水利、教育、医疗等方面的条件得到了持续改善，但改善力度参差不齐，发展失衡现象严重。

第五，与城市社区相比，农村社区对经济、文化、生态等方面的投入相对不足。有的地方生源缺少，学校关停；有的地方生态环境恶化，居民的基本生活受到严重影响。

第六，农村社区居民生活方式比较单一，社区组织和结构较为简单。他们基本上没有什么文化娱乐设施，习惯于"日出而作，日入而息"的传统生活方式。

第七，农村社区信息闭塞，以村落为主，管理上依靠村党支部和村民委员会，村民的地域观念、乡土观念较强、政治意识比较淡薄。

（三）新型农村社区的内涵与基本特征

2014 年 12 月 29 日，国家发改委同人力资源和社会保障部等 11 个部门联合印发了《关于开展国家新型城镇化综合试点工作的通知》（发改规划〔2014〕1229 号），明确提出有条件的地方要推进新型农村社区建设。

新型农村社区是我国农村社区不断转型的最新形态，从概念上来讲，新型农村社区的"新"一方面是针对旧有的城市社区而言的，另一方面是针对过去社会主义新农村建设而言的。从一定角度来讲，"社区"这个概念原本是城市居民居住地的专有名词，农村社区在中国出现也不过才短短十年左右的时间。十几年前，只要一提到"社区"，人们所想到的必然是城市，但是按照美国著名学者、诺贝尔奖获得者约瑟夫·斯蒂格里茨的看法，"21 世纪之初，发生了影响世界的两件事，一个是美国的信息化，一个是中国的城市化。"[①]他认为，随着经济的迅猛增长，中国广大农村发生了翻天覆地的变化，在城市化的进程中出现了大批的农村社区，这是对全

---

① 项继权.中国农村社区及共同体的转型与重建[J].华中师范大学学报（人文社会科学版），2009，48(3)：7-14.

世界具有重大影响的经济事件。从一定方面来讲，新型农村社区也不同于社会主义新农村建设。党的十六届五中全会通过的《中共中央关于制定国民经济和社会发展第十一个五年计划的建议》提出要按照"生产发展、生活宽裕、乡风文明、村容整洁、管理民主"的要求，扎实推进社会主义新农村建设。如今，虽然社会主义新农村建设仍然在如火如荼地开展，但是大批的新型农村社区已经改变了社会主义新农村建设的具体形态。可以说，社会主义新农村是新型农村社区的初级形态，而新型农村社区是社会主义新农村建设的创新突破。

新型农村社区的出现是我国经济社会发展的一个必然结果。我国改革开放 40 余年，整个社会经济政治文化结构发生了翻天覆地的变化，尤其是随着农村城市化进程的加快，传统形态的广大乡村日趋衰落，主要表现在以下几个方面：农民的流动性日益增大，原有的集体化生产方式不复存在；村委会对农民的控制能力明显减弱，农民的自立性和独立性逐步增加；由于集体资源的缺失和集体福利供给的减少，农民与集体之间的依附关系逐渐消失。同时，市场经济的迅猛发展为农村带来了多种所有制经济，导致农村中的利益分配体制明显改变，农民对自己的职业和身份认同不再明确，同质性的社会和社区日趋多样化和异质化。这样，农村就迫切需要一种新的组织方式和生活形式，这就是新型农村社区[①]。

新型农村社区是一个新鲜事物，它是在什么时候、什么地方最早提出的已无从考证，迄今为止还没有统一的定义。但是，新型农村社区这一概念已经成为各界学者的共识，并在全国各地普遍使用和推广，专家学者们对于新型农村社区的研究也越来越重视，渐渐形成了一种趋势和热潮。新型农村社区是农村发生的一次根本性的变革，在内涵上不同于一般意义上的社会主义新农村。要实现对新型农村社区的有效治理，就需要了解新型农村社区的内涵。在现实生活中，不同的专家学者可能对新型农村社区有不同的理解，但是必须要注意到新型农村社区既不是原来村庄的简单翻新，也不是众多村庄的重新组合，它指的是"按照统一要求，在一定的期限内搬迁合并，统一建设的新的居民住房和服务设施，统一规划和调整产业布局，组建成新的农民生产生活共同体，形成农村新的居住模式、服务

---

① 何立伟.现实的神话[N].人民日报，2009-09-12.

管理模式和产业格局"①。所以，不能简单地将新型农村社区理解为"小村并大村"，也不能简单地将新型农村社区等同于农民上楼。

新型农村社区通过新型城镇化规划建设，实现美丽乡村建设，提高农民收入和生活水平，让农民真正能够过上和城里人一样的生活。总体而言，新型农村社区的基本特征如下：

第一，社区的规模和人口。各个地方的情况千差万别，因此很难讲多少人才能够组成一个新型农村社区，但是新型农村社区一般由多个村庄整合规划而成，所以它在规模上一般大于原先的农村社区，规模较大的新型农村社区在人口上相当于一个中心镇，规模较小的新型农村社区在人口上相当于一个大村庄。

第二，完善的基础设施。虽然新型农村社区还不完全是城市，但是它有着与城市基本一样的水电供应、通信网络、购物娱乐等各个方面的基础设施，这些基础设施为社区居民提供便利的生活服务。但尽管如此，新型农村社区由于交通、地理、历史等各方面的原因，基础设施仍然没有城市完善。

第三，完善的公共服务设施。相较于传统农村社区，新型农村社区在文化教育、医疗卫生、就业保障、福利待遇等方面得到了大幅提升，基本实现了城市化。近年来，在建设新型农村社区的过程中，全国各地提出的口号是实现城乡公共服务均等化，具体虽然各个地方会有一些差别，但最终都将朝着新型农村社区的基本方向发展。

第四，社区治理多元化。传统农村社区治理主体主要是党支部和村民委员会，而新型农村社区不仅有社区基层党组织和社区管理委员会，还成立了各种各样的经济合作组织、社区公益组织、社区协会组织等。它们均能发挥新型农村社区治理主体的作用，体现了多元共治的管理模式，保证了新型农村社区的有效治理，维护了新型农村社区的和谐稳定。

第五，社区居住环境优美。传统农村在享受乡野美景的同时，面临着垃圾遍地、污水横流的问题，但这些在新型农村社区得到了圆满解决。一般而言，新型农村社区更加注重村容村貌的整治和环境的美化绿化，尤其是对垃圾和污水的处理，一般都设计了专门的处理场地和处理设施。另

---

① 喻新安，刘道兴．新型农村社区建设探析 [M]．北京：社会科学文献出版社，2013:47.

外，新型农村社区道路硬化、环境美化、生活洁净化、路灯亮化，可以说环境优美、宜居宜业。

二、新型农村社区治理的基本内涵、总体思路和价值导向

城镇化的背后反映的是我国农村正在发生的日益深刻的变化，传统农村的生产方式、生活方式、空间状态和公共服务都有了本质性的改变，农村城市化正以突飞猛进的方式回应着工业化时代的召唤。这一系列变化给农村发展带来了新的机遇，同时也给农村治理带来了挑战。新型农村社区治理不仅是我国农村社会发展思路的重大创新和深刻变革，还是我国在探索新型城镇化道路进程中取得的重大底层突破。

（一）新型农村社区治理的基本内涵

我国对农村社区治理的研究由来已久，甚至早于城市社区，20世纪二三十年代，以费孝通为代表的乡村建设派就开始了对我国农村社会改良之路的研究。改革开放以来，在相当长的一段时间内，人们对"农村治理"存在着一种误解，认为自1978年农村实行家庭联产承包责任制后，农村已经一劳永逸地完成了根本性的改革，在农村中有良好的党支部、村民委员会治理架构，在法律上又有《中华人民共和国村民委员会组织法》的法律保障，所以农村地区只需按部就班进行管理就可以了，根本不存在治理研究问题。但是，经济社会的发展变化使"三农"问题日益复杂，尤其是城乡二元结构给我国城乡社会造成了巨大的鸿沟，如果任其发展下去，必将会撕裂整个社会。当前在我国，"城乡分治，一国两策"让城市与农村成为我国地方治理实践的两个不同版本，但是农村社区治理要远比城市社区治理复杂得多，同时也更富有挑战性和艰巨性，尤其是广大学者忽略了目前我国农村治理中的新生对象——新型农村社区治理。这些情况充分说明关于我国新型农村社区治理问题的研究还没有形成主流，新型农村社区治理理论尚未系统完善。

2006年10月，党的十六届六中全会提出把农村社区建设成为管理有序、服务完善、文明祥和的社会生活共同体。这是党和国家第一次在重要文件中对我国农村社区建设提出要求，但这个要求随着农村社区的不断发展和新型农村社区的出现，已不能完全适应现实情况。2013年5月15日，农业农村部发布《农业农村部"美丽乡村"创建目标体系》，提出了创建

"美丽乡村"的要求、原则和途径，目标是"打造'生态宜居、生产高效、生活美好、人文和谐'的示范典型，形成各具特色的'美丽乡村'发展模式"。2014 年 3 月 16 日发布的《国家新型城镇化规划（2014—2020 年）》（中发〔2014〕4 号）进一步明确指出：我国城镇化是在人口多、资源相对短缺、生态环境比较脆弱、城乡区域发展不平衡的背景下推进的，这决定了我国必须从社会主义初级阶段这个最大实际出发，遵循城镇化发展规律，走以人为本、四化同步、优化布局、生态文明、文化传承的中国特色新型城镇化道路。这是针对目前我国新型城镇化道路的含义和发展要求给出的具体回答，同样也是针对作为新型城镇化重要组成部分的新型农村社区发展提出的明确要求。2015 年 4 月 29 日发布的《美丽乡村建设指南》（GB/T 32000—2015），规定了美丽乡村的定义是：经济、政治、文化、社会和生态文明协调发展，规划科学、生产发展、生活宽裕、乡风文明、村容整洁、管理民主，宜居、宜业的可持续发展乡村。

新型农村社区的根在农村，新型农村社区的快速发展是为了推动我国农村社会进一步发展，早日实现美丽乡村建设目标。反过来，美丽乡村建设的提出则为我国新型农村社区发展和治理进一步指明了前进的方向。目前，国内关于新型农村社区治理的研究成果还不是很多，没有形成一定的规模和系统，在各类新型农村社区研究中对新型农村社区的基本内涵及治理路径尚未达成统一认识。因此，对新型农村社区治理的基本内涵进行理论分析不仅是深入研究新型农村社区的基础和前提，同时还是提高新型农村社区治理水平必须破解的重要课题。

马克思本人曾经对"理论"有过经典阐释："批判的武器当然不能代替武器的批判，物质力量只能用物质力量来摧毁；但是理论一经掌握群众，也会变成物质力量。理论只要能说服人，就能掌握群众；而理论只要彻底，就能说服人。所谓彻底，就是抓住事物的根本。但是，人的根本就是人本身。"[①] 因此，有深度的理论对于指导新型农村社区治理实践具有十分重要的意义。不同于城市社区管理，也不同于传统的农村社区治理，新型农村社区治理的内涵十分丰富，涉及科学目标、治理主体、运行方式、治理绩效等多个不同维度，实质就是在社会主义现代化建设进程中使城乡社

---

① 中共中央马克思恩格斯列宁斯大林著作编译局.马克思恩格斯选集：第 1 卷[M].北京：人民出版社，1995:9.

区居民共享现代文明成果。新型农村社区治理需要党和政府的领导，要求社区各类组织和社区居民积极共同参与，同时更加注重社区公共卫生、公共设施和公共服务，只为促进社区经济、政治、文化、生态等各个方面协调健康发展。因此，对新型农村社区治理进行研究逐渐成为国内众多学者研究破解"三农"问题的重要途径。

综合以上主要观点，笔者认为，新型农村社区治理是指基层党组织、基层政权、社区管理委员会、社区社会组织、社区企业、社区居民等多个治理主体，依据国家新型城镇化建设的总体要求，以美丽乡村建设与实现村民幸福为目标指向，运用制度、法律、政策与伦理道德等方式，实现对新型农村社区事务的控制、管理与服务。

（二）新型农村社区治理的总体思路

当前，我国处于非常重要的社会结构转型期，从历史来看，转型期既是一个国家和社会的发展机遇期，同时又是一个国家和社会的矛盾多发期。加强我国新型农村社区治理不仅能够推动农村经济快速发展，还能够促进整个农村社会乃至整个国家和社会稳定和谐，同时更是我国小康社会的重要基础和有力支撑。建设和治理新型农村社区必须要有清晰明确的总体思路，深入新型农村社区建设实践，研究新型农村社区的建设和治理实际情况。只有这样，我国才能够科学规范地掌握和评估新型农村社区治理的效果，从而发现目前新型农村社区治理过程中存在的问题与不足，并加以解决和完善，指导现有社区实际工作，指引其朝着正确、健康的道路发展，实现新型农村社区有序治理。

新型农村社区治理的总体思路就是在党和政府的领导下，根据《国家新型城镇化规划（2014—2020 年）》《农业农村部"美丽乡村"创建目标体系》《中共中央 国务院关于加强和完善城乡社区治理的意见》以及其他关于我国乡村建设的重要文件要求，充分发挥基层党组织、基层政府、社区自治组织、社区企业、社区居民等多元主体的共同作用，完善新型农村社区的基础设施建设和公共服务设施建设，积极改善社区人居环境，优化社区资源配置，不断推进新型农村社区基层民主和城乡一体化发展。

第一，要牢牢把握新型农村社区治理的多层次和多维度，根据新型农村社区的实际情况，在探索中总结和创新新型农村社区治理理论。

第二，要牢牢把握城乡社区居民共享现代文明成果的目的，在推进城乡一体化的过程中，实现政治、经济、文化、社会、生态等多个方面的重大变革和发展。

第三，要牢牢把握新型农村社区的治理目标，促进城乡基础设施和公共服务均衡化发展，注重社区产业发展，从根本上提高社区居民的生活水平，改善社区居民的居住环境，实现农村社会稳定、可持续发展。

第四，要牢牢把握新型农村社区治理主体的多元共治模式，发挥不同主体的不同作用，促使每个主体正确行使自己的职能。

第五，要牢牢把握新型农村社区治理方式和治理手段的科学化，遵循国家的大政方针政策和法律、法规，同时运用村规民约、传统道德文化等加强对社区居民的治理。

（三）新型农村社区治理的价值导向

社会价值导向是指在一定时期内，为了一定的目标，充分利用利益机制去提倡的，让特定目标遵循的，反映社会结构本质要求的总体价值取向。在新型农村社区治理中，价值导向体现在通过一定的基本原则和利益机制，引导新型农村社区治理向良性发展。

我国新型农村社区建设从属于国家城镇化发展战略，也从属于国家"美丽乡村"建设目标，它既有与城镇化和美丽乡村的共性，又具有自身的特殊性，所以其价值导向既具有与城镇化和美丽乡村相同的地方，又具有自身特点，具体表现在以下八个方面：

一是以人为本，公平共享。随着经济社会的发展，人的因素日益成为影响经济社会管理最根本的因素，所以，进行新型农村社区建设首先要考虑人的因素，要引导人口有序合理流动，不断提高人口素质，通过社区服务促进人的全面发展，保证社会公平正义。

二是四化同步，加速发展。在新型农村社区建设中，要使工业化、信息化、城镇化和农业现代化深度融合、相互协调及相互支撑，以新型农村社区建设促进城乡要素平等交换、公共资源均衡配置，形成以工促农、以城带乡、工农互惠、城乡一体的新型城乡关系。

三是优化布局，集约高效。发展新型农村社区要充分考虑"三农"问题的实际情况，同时在进行新型农村建设布局的过程中要考虑交通、水利、环保等因素，防止"一刀切"和"拍脑袋"工程。在针对新型农村社区进行相关产业布局时，要坚持集约高效的原则。

四是生态文明，绿色低碳。要把生态文明理念全面融入新型农村社区建设和治理的过程中。在进行规划、治理工作时，既要充分考虑利用社区所在区域的自然资源，又要充分考虑不对环境造成污染，不对生态造成破坏，在生产生活中要努力减少对自然的损害。

五是文化传承，彰显特色。在进行新农村建设时，要尽可能保留农村原有的文化特色，根据不同地区的自然历史文化禀赋，体现不同地区的文化差异性，防止新型农村社区千篇一律，"千人一面"。

六是政府引导，尊重市场。在新型农村社区建设和治理中要处理好政府和市场的关系。政府要避免大包大揽开展建设与治理，要充分发挥市场在资源优化配置中的基础性作用，使非政府主体在新型农村社区的建设与治理中充分发挥作用。

七是统筹规划，分类指导。进行新型农村社区建设和治理要统筹考虑一个地方的人力、物力、财力，以及发展方向、发展规模和发展目标，要进行战略性的布局安排。同时，进行新型农村社区建设和治理要坚持分类指导，区分不同社区的不同特点，选择性地采取不同措施，以利于突出重点、推广经验、形成效应。

八是实事求是，区分城乡。在新型农村社区建设中，要防止以城市为样本进行建设，把新型农村社区建成城市小区的复制品。农村有自身的特点，农民在生产生活中需要拥有比较大的生产场地，农具和收割回来的粮食需要进行存放，必须充分考虑到这一点才能够进行完善治理。

第三节 乡村人居环境整治

乡村人居环境是人居环境理论的重要组成部分，乡村人居环境建设也是国家建设美丽宜居乡村，实施乡村振兴战略的重要内容，关系到农民的幸福生活、农村社会的文明和谐，因此研究意义重大。

一、乡村人居环境的基本内涵

（一）人居环境

1968 年，道萨迪亚斯在其著作《人类聚居学》一书中提到，人类聚落是地球上可供人类直接使用的、任何形式的、有形的实体环境。人类聚落不仅包括有形的聚落本身，还包括周围的自然环境、人类及其活动，以及由人类及其活动所构成的社会，这是人居环境概念的最早阐述。

1980年，吴良镛先生根据道萨迪亚斯的"人类聚居学"理论，结合中国自身特色，提出要建立人居环境科学[①]。他在《人居环境科学导论》一书中提到，人居环境是人类聚居生活的地方，是与人类生存活动密切相关的地表空间，是人类在大自然中赖以生存的基地，是人类利用自然、改造自然的主要场所[②]。

综上所述，笔者认为无论是"人类聚居学"还是"人居环境科学"，都是从系统的角度去看待人类聚落，并没有将其中的某一系统割裂开来，具有系统性、完整性、可持续性。从广义上来说，人居环境由物质环境、经济环境及社会环境组成，具有多元性特征，包含内容广泛。从狭义上来说，人居环境是指人们居住的综合环境，是人类聚居的场所，是建构在自然环境之上的进行社会交往、活动的场所，并且侧重于物质层面。

（二）乡村人居环境

相对于受到学界青睐的城市人居环境研究成果，将乡村人居环境作为标志的国内外研究成果比较少，对于乡村人居环境的内涵、概念，不同的学者有不同的见解。当前，涉足乡村人居环境研究领域的包括建筑学、地理学、生态学等众多学科。

从建筑学的角度来说，乡村人居环境是村民住宅建筑和生活环境的有机结合；从地理学角度来说，乡村人居环境可分为软环境和硬环境两大类，前者包括生活环境、经济水平、社会服务等，后者主要指居住条件和配套设施；从生态学的角度来说，乡村人居环境讨论人与自然的关系，是围绕乡村居民的各类环境要素所构成的以人为主体的复合生态系统[③]。

综上所述，笔者认为乡村人居环境是有别于城市的人类活动所需要的物质和非物质结构的有机结合体，既包括居住活动的有形空间，又包括贯穿其中的经济、社会、文化等要素。因此，可将乡村人居环境概括为乡村居民生产生活的人工环境、自然环境与人文环境三者的有机结合体。其中，人工环境作为农民生产生活的载体，是农民进行生产、生活、消费和

---

① 吴良镛．人居环境科学导论[M]．北京：中国建筑工业出版社，2001:27.
② 马小英．新农村背景下的乡村人居环境规划研究[J]．现代农业科技，2011(8):396-397.
③ 周直，朱未易．人居环境研究综述[J]．南京社会科学，2002(12):84-88.

交往等活动的核心区域，而自然环境和人文环境则构成农民生产、生活的外部环境。

（三）村庄整治规划

《村庄整治规划编制》一书中提到，村庄整治规划是指导和规范居民点旧设施和旧面貌的修建性详细规划，是对现有村庄各要素进行整体规划与设计，保护乡村地域和文化特色，挖掘经济发展潜力，保护生态环境，推动农村社会、经济和生态持续协调发展的一种综合性规划 [1]。

笔者认为村庄整治规划的核心是指导和规范村庄人居环境建设，通过实施村庄整治可以改善农民生产、生活条件，为农民提供生产、生活所需的配套设施，逐步实现农村土地集约化利用的目标，并且可以激发乡村活力，推动乡村经济、文化、生态、空间和谐共生。

二、乡村人居环境的系统解析

（一）乡村人居环境的系统构成

乡村人居环境究竟是由哪几部分构成的？道萨迪亚斯在《人类聚居学》中强调，要把包括乡村、城镇、城市等在内的所有人类住区当作一个整体，从人类住区的元素（自然、人、社会、建筑、支撑网络）入手进行广义的系统研究。我国学者吴良镛先生将人居环境系统划分为自然系统、人类系统、社会系统、居住系统、支撑系统这五大系统，如图 5-1 所示。

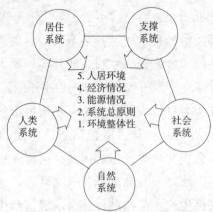

图 5-1　人居环境系统模型图

---

① 朴永吉.村庄整治规划编制 [M] 北京：中国建筑工业出版社，2010:1.

一般认为，人居环境可以分解为自然环境、人文环境和人工环境这三部分[①]。自然环境是围绕在生物周围的各种自然因素的总和，如大气、水、动植物、土壤、岩石矿物、太阳辐射等，是生物赖以生存的物质基础。通常情况下这些因素可以划分为大气圈、水圈、生物圈、土壤圈、岩石圈等五个自然圈[②]。人文环境是指人类在改造客观世界的过程中形成的精神文化、制度文化以及各种文化派生物的综合[③]。人工环境是人地相互作用的物质结晶，其变化受到自然和社会规律的双重制约，三者相互结合构成人居环境[④]。

乡村人居环境有着与城市一样的空间内涵，都由自然环境、人文环境以及人工环境这三部分组成，但两者所处的地域特征不同，所呈现的人居环境特性也不一样。城市人居环境有着集中、高效、便捷的特性，而乡村人居环境所呈现的是松散、缓慢、自然的特征。从自然环境来看，乡村有着丰富多样的自然资源，广阔的农业生产空间；从人文环境来看，乡村是农业文明的发源地，具有充满地方特色的乡土文化；从人工环境来看，城市多是集中居住的小区、完善的公共服务设施，又或是拥挤的道路、污染的环境、紧缺的资源，而乡村则分散在田野，乡村生活舒适缓慢，又或者基础设施匮乏、村落贫瘠。

综上所述，本书在已有研究的基础上，将乡村人居环境系统划分为乡村人工环境、乡村自然环境和乡村人文环境三大系统及其若干子系统，其中乡村人工环境和乡村自然环境属于硬质环境，而乡村人文环境属于软质环境，如图5-2所示。

1. 乡村自然环境系统

乡村自然环境系统是一个受人类干预的半人工半自然的生态系统，是自然与人工的混合体。其中，森林、草地、山体、水域等自然要素是乡村自然环境的主要构成元素。同时，乡村自然环境系统也包括了经人类改造的半自然元素，如农田、人工林地、园地等，并且合理的乡村自然环境系

---

① 左玉辉,华新,柏益尧,等.环境学原理 [M].北京：科学出版社,2010:78.

② 余斌.城市化进程中的乡村住区系统演变与人居环境优化研究[D].武汉：华中师范大学,2007.

③ 谢俊春.人文环境优化与西部大开发 [J].甘肃社会科学,2003(2):141-144.

④ 陈燕.重庆市铜梁县乡村人居环境变化研究 [D]武汉：华中师范大学,2011.

统是实现自然环境良性循环的基础和前提，也是控制和改善自然环境问题的有效途径。

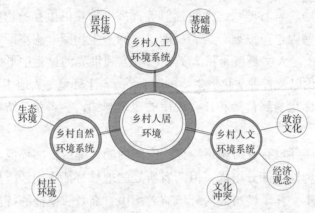

图5-2　乡村人居环境的系统构成图

2. 乡村人工环境系统

乡村人工环境是人类生活的物质条件和空间载体，主要包括居住环境和基础设施。其中，乡村居住环境包含住房条件、公共空间、村容村貌、社区环境等内容。乡村基础设施是乡村交通、能源、电力、通信、水利、教育、卫生等设施的总称，是为农村经济社会发展提供服务的各种硬件。根据具体用途和职能乡村基础设施可分为两类：一类是生产性的基础设施，主要是为农业生产提供保障，包括交通、水利，以及与农业相关的科研机构；另一类是生活性的基础设施，主要服务于乡村居民的生活需要，包括教育文化、医疗卫生、体育设施等[1]。

3. 乡村人文环境系统

乡村人文环境系统有广义和狭义之分，广义上是指除自然环境以外的所有社会环境，是一种人为的、社会的、非自然的环境，且具有历史继承性、文化性、相对独立性、民族性和区域性等特征[2]。狭义上就是指大家常说的精神文化环境，即软环境。本章所研究的乡村人文环境偏向于狭义上的人文环境，主要内容涵盖思想观念、制度文化、风俗习惯等。

---

① 赵蕾.乡村基础设施建设投融资研究[D].重庆：重庆大学,2008.

② 朱艳娟.乡村土地占用对乡村人居环境影响研究[D].武汉：华中师范大学,2009.

（二）乡村人居环境的演变特征

乡村人居环境的内涵比较丰富，乡村人居环境系统的演变实质上是乡村自然环境系统、乡村人工环境系统、乡村人文环境系统三大系统及其子系统的综合演变的体现。

1.乡村自然环境系统的演变特征

乡村自然环境或者称为自然生态基质，是乡村居民生活的基础空间。针对乡村自然环境系统的演变特征，主要可从生态环境和村庄环境两方面进行分析。

从生态环境上来讲，城市化进程的加快，使乡村生态环境和自然资源环境恶化，而这造成的影响是多方面的，具体既包括对乡村地区的影响，又包括对城镇地区的影响。对于城镇地区来说，其主要影响农业资源的供给以及当地自然环境；而对于乡村地区来说，其导致的主要问题包括农业面源污染，资源循环利用率降低，农村生态系统退化以及水土流失。

从村庄环境上来讲，村庄内部环境污染、环卫设施配备不足和管理不善以及村民缺乏环保意识，所以村庄内部环境"脏、乱、差"的问题越发严重。此外，村民对村庄公共资源的侵占和破坏较为严重，如侵占土地资源，占用绿地、道路等公共资源，胡乱堆放农作物或者垃圾，从而造成土地资源浪费和村内环境污染。

2.乡村人工环境系统的演变特征

乡村人工环境是乡村居民活动与其所在地理环境共同形成的产物。乡村人工环境系统的演变特征主要从居住环境和基础设施这两方面进行研究。

从居住环境上来讲，近年来，随着大量的青壮年劳动力外流以及乡村居民多样化和个性化需求不断增强，乡村聚落呈现出"外扩内空"的特征，乡村"空废化"现象越来越严重。另外，由于经济水平的提高，村民住宅的构造、材料以及外观有了很大变化，但明显缺乏规划指引。同时，村民的攀比心理导致乡村风貌同质化严重。乡村公共设施建设投入依然较少。然而总的来说，乡村居住环境较过去来说有很大改观。

从基础设施上来讲，经过半个世纪的大规模建设，覆盖我国农业地区的乡村基础设施网络已经初步建成。当前，农村居民基础设施建设水平的提高加快了乡村人居环境建设的步伐，使其取得了显著成就，但实际乡村基础设施建设与预期之间还存在一些差距。例如，城镇基础设施建设投资量远远大于乡村，东中部地区设施覆盖率大于西部地区。从基础设施的配比来看，村庄道路、给水、电力的建设投资量大于排水、绿化、环卫等工程。基础设施建设的完善程度对乡村人居环境建设成功与否起到了关键性影响作用。

3.乡村人文环境系统的演变特征

改革开放以来，我国农村进入现代化发展时期，尤其是新时期农村农业现代化进程加快，促使乡村人文环境系统发生了很大变化。对于乡村人文环境系统的演变特征，下文主要从政治文化、经济观念方面进行探讨[①]。

从政治文化上来讲，我国农民的政治文化意识发生了复杂的变化。传统中国的农民深受封建主义压迫，他们盲目顺从，缺乏自主意识。中华人民共和国成立之初，农村依附于乡村基层党组织，表现出了政治狂热。改革开放之后，市场经济使农民的自主性提升，使农民的政治文化逐渐趋向理性。当下农民的政治参与变得更加有序，体现在选举时村民对候选人的理性要求上。

从经济观念上来讲，受市场化浪潮的影响及随着家庭联产承包责任制的推进，农民过去只知耕地种田的观念发生了转变，现在商品经济意识明显增强，他们不再局限于在村庄内谋生，而是会到大城市追求更大的发展机会，这一现象促进了城乡之间各要素的流动。另外，农民的消费观念也发生了变化，由过去的温饱型转向了现在的享受型，开始从过去单一的吃、穿、行需求向现在讲求生态健康、注重休闲旅游等多元化的消费方式转变。

三、我国乡村人居环境建设的经验启示

我国乡村人居环境建设成效显著，所以在此借鉴了国内的成功案例，以期对今后的乡村人居环境建设有所启示。从乡村人居环境整治的重点出发，经过筛选对比，下文分别选取了浙江省安吉县和德清县、广西壮族自治区、江苏省常州市以及贵州省作为案例借鉴地区。

（一）浙江省安吉县——乡村标准化建设

2003年，浙江省启动了"千村示范，万村整治"工程。在此指引下，

---

① 周军.中国现代化进程中乡村文化的变迁及其建构问题研究[D].长春:吉林大学,2010.

安吉县展开了全县乡村人居环境整治。2008年，安吉县以"中国最美乡村"为载体，不断深化"安吉模式"。安吉县作为美丽乡村建设标准的发源地，先后从地标（1.0版）、省标（2.0版），到国标（3.0版），形成了一整套美丽乡村标准体系。2015年，由安吉县人民政府参与制定的《美丽乡村建设指南》（GB/T 32000—2015）发布实施。美丽乡村标准化建设指南强化了建设的可操作性、科学性和社会参与性，对于乡村人居环境整治的标准化具有很强的借鉴意义。

（二）浙江省德清县——美丽乡村升级版

2009年，德清县开展了以"和美家园"为主题的乡村建设，"山水美、农家富、机制新、社会和"的美丽乡村格局已初步显现。2014年，在美丽乡村建设会议上，德清县提出，要从以下两个方面建设升级版的美丽乡村：一是以景区标准统筹全域美丽乡村建设，分区分类制定村庄整治指引，建立"一把扫帚扫到底"的城乡管理一体化模式，因地制宜地在城郊村庄、平原村庄和山区村庄实施污水处理活动；二是美丽乡村建设与"三权分置"、旅游、互联网相互结合，将美丽乡村变成美丽经济。2016年，德清县实现了美丽乡村建设县域全覆盖。

（三）广西壮族自治区——农村垃圾治理

2014年，广西发布了《"美丽广西"乡村建设重大活动规划纲要（2013—2020）》，提出分"清洁乡村""生态乡村""宜居乡村""幸福乡村"四个阶段推进美丽广西建设。垃圾治理是广西乡村人居环境建设最突出的问题，广西地区以垃圾治理为突破口，从四个方面进行了乡村人居环境整治：一是建立了大分散与小集中、土办法与新技术相结合的垃圾处理机制；二是推进了源头减量和分类回收为基础的资源化利用机制；三是建立了财政补贴、农民缴费与市场运作相结合的多元化机制；四是制定了法律保障和村规民约相结合的常态化管理机制。

（四）江苏常熟市——农村污水治理

2003年，常熟市实现了城乡供水一体化，自来水覆盖率达到100%，同时已经普遍使用水冲厕所。2008年，常熟市开始推进农村生活污水治理。2015年，常熟市已经初步形成"统一规划、统一建设、统一运行、统一管理"的农村生活污水治理模式。2017年，常熟市继续深化"四个统一"污水治理模式，并构建了"政府购买服务、企业一体化运作、委托第三方监管"治理机制。

（五）贵州省——乡村风貌建设

贵州属于西部典型的欠发达地区，乡村人居环境建设落后。2013年，贵州大力实施"六项行动工程"，全面解决路、水、房、电、通信以及环境等问题。2015年，贵州以打造"最美乡村"为目标，先后编制了《贵州省村庄风貌规划设计技术导则》和《贵州省传统村落保护发展条例》，保护乡村传统风貌，传承贵州多彩文化，推动贵州乡村人居环境整治，促进农村经济发展。

这些美丽乡村建设的成功案例从不同层面、不同角度对乡村人居环境的建设进行了有益的探索，给其他地区的乡村人居环境改善提供了思路。在乡村人居环境建设的标准上，我们要注重因地制宜，使其具有可操作性。在乡村人居环境建设内容上，我们要突出当前最紧迫的需求，以其中一项内容为突破口开展工作，并且建立环境整治的长效机制，尊重自然、保护历史，将村庄的优势资源与乡村人居环境建设统一起来，有效促进乡村发展。

第四节　美丽乡村建设与传统村落保护

传统村落又称古村落，指拥有物质形态和非物质形态文化遗产，具有较高的历史、文化、科学、艺术、经济等价值的村落。我国历史文化源远流长，自然环境差异较大，在漫长的发展进程中，逐步形成了各具传统文化特色的民居建筑形式，相同特点的传统民居建筑群组成了传统村落。这些传统村落是中华民族智慧的结晶，是建造技艺、社会伦理和艺术审美等传统文化要素的集中体现，是不可再生的珍贵文化遗产。

习近平明确指出，"实现城乡一体化，建设'美丽乡村'，是要给乡亲们造福"，"不能大拆大建，特别是古村落要保护好"。传统村落保留了大量各具特色的民居建筑，承载了厚重的农耕文明和乡土文化，丢失了传统村落就是失去了对古老文明的记忆，失去了对未来规划的根基。在推进美丽乡村建设的同时，我们还要认识到如何对具有独特历史文化价值的传统村落进行保护和开发，如何协调好现代化发展和传统村落保护开发的关系，如何做好传统历史文化的传承、保护与开发利用，具有非常重要的历史与现实意义。

一、传统村落保护与美丽乡村建设的关系

（一）做好传统村落保护工作是建设美丽乡村的重要内容

中国传统村落，原名古村落，是指民国以前所建的村落。传统村落以前通常被称为"古村落"，是华夏文明悠久历史给我们留下的宝贵遗产，也是不可再生的、重要的旅游资源。传统村落走过了漫长的手工农耕时代，有一套完整的传承至今的说、唱、审美、技艺、宗教信仰、建筑、生产劳动、节日、生存环境等丰富人文内容，是珍贵的历史文化遗产。每一座传统村落都体现了一种人与自然和谐相处的文化精髓和空间记忆。保护传统村落不只是在保护那些美丽的老建筑，更是在保护我们的文化传承。传统村落的保护与发展是美丽乡村建设的重要内容，搞好传统村落保护工作就是对中华民族传统文化的传承和延续。

（二）建设美丽乡村为传统村落保护与发展提供难得机遇

当前的社会主义新农村建设务必以美丽乡村建设为基础。正是为了全面推进社会主义新农村建设，党中央、国务院实施了建设美丽乡村这一重要战略措施。近几年，党中央提出了一系列新思想和新要求，指出中国要美，农村必须美。2013年中央一号文件《中共中央国务院关于加快发展现代农业进一步增强农村发展活力的若干意见》第一次提出了要建设"美丽乡村"的奋斗目标；2021年中央一号文件《中共中央国务院关于全面推进乡村振兴加快农业农村现代化的意见》也强调进一步加强农村生态建设、农村现代化建设环境保护和综合整治工作。事实上，农村地域和农村人口占全国总量的绝大部分，因此要实现党的十八大提出的美丽中国奋斗目标，就必须加快美丽乡村建设的步伐。

（三）美丽乡村建设必须做好传统村落保护工作

传统村落保护工作依靠两大主体：地方政府和村民。首先，地方各级领导要重视传统村落保护，这样才能动员社会力量积极参与传统村落保护工作中来。其次，村民是传统村落保护与发展的中坚力量。农村是中国传统文化的重要载体，中国传统村落是中国五千年农耕文明的活化石。为了真正留住"乡愁"，我们不能对传统村落进行迁建，而要对其进行精心的

保护与修缮，各级政府、村民乃至全社会都应当携起手来，共同保护好传统村落，让中华传统村落重新焕发生机与活力，成为真正意义上的美丽乡村。

二、美丽乡村建设背景下传统村落保护与发展的基本思路

传统村落保护与发展工作必须有科学合理的思路作为具体行动的指南。在美丽乡村建设过程中，我们要力求做到传统村落保护与经济发展两者双赢。"虽然我们不能强求传统村落的居民一直保持一种原始的生活状态，但也不能任其随意大拆大建，将古建筑和原生态的传统文化置于毁灭之境。对于传统村落的保护，只有科学合理地遵循人与村落互动发展的历史规律，才能实现两者的共赢。①"

（一）高度重视对传统村落的保护

在美丽乡村建设的同时，我们必须高度重视对传统村落的保护。地方各级政府管理者和传统村落村民务必要以高度的热情投入传统村落保护工作中去。做好传统村落的保护工作不仅是对悠久中华历史文化的传承，而且对促进当地农村经济社会协调可持续发展有着重要的作用。

（二）对传统村落的保护与发展进行科学合理的统筹规划

各级政府部门要对传统村落保护与发展进行科学合理的统筹规划，使传统村落能够走上可持续健康发展的良性轨道。政府要纠正急功近利的思想，杜绝盲目、无序的建设。这需要我们正确处理传统村落保护与发展之间的关系，而重点在于规划先行、统筹指导，整体保护、兼顾发展。传统村落是中华民族五千年历史文化的传承，是农耕文明留给中华儿女的珍贵遗产。各级地方政府应本着文化自觉的理念，制定长远规划，积极开展传统村落保护工作，既要注重对传统村落的文化传承，又要避免传统村落发展过程中片面追求经济利益的现象，必须处理好文化传承与经济发展的关系。"美丽乡村是一个综合性的概念，它既是经济概念，又是文化概念，要有人的文明素质和现代意识的全面增强，最终实现人与自然、人与人、每个人内心的和谐。这样才是真正的美丽，才能让人记得住乡愁，自觉与自然和谐相处。"经济、社会、文化等各方面全面协调发展的乡村才是真

---

① 夏月华.在美丽乡村建设中做好传统村落保护工作[J].市场论坛,2015(10):10-11.

正的美丽乡村。

（三）与时俱进，对传统村落文化保护政策不断进行优化和创新

在传统村落保护与发展过程中，难免会遇到新情况和新问题，这要求我们思想上绝不能保守僵化，必须与时俱进，及时进行政策创新以解决新问题。只有不断进行政策创新，我们才能使传统村落有所发展。中国幅员辽阔，各地农村经济、社会以及文化发展水平千差万别。相应地，各地传统村落保护与发展的具体措施也会有所不同，不可能有一种放之四海而皆准的固定模式。这要求各地在传统村落保护的具体思想上绝不能墨守成规，不能全盘照搬照抄别人的模式，而应当把握时代的发展要求，及时进行政策优化与创新，以解决实际问题。例如，少数民族地区在经济、社会及文化发展等方面有自己的特殊性，因此政府可以紧密结合民族地区的实际情况，积极探索有地区和民族特色的传统村落保护与发展策略。再比如，截至 2019 年，贵州省有多达 724 个国家级传统村落，数量位居全国各省市之首。贵州省地处西南云贵高原地区，拥有丰富的历史文化和少数民族资源，就应当立足于本土特色，积极探索具有民族区域特色的传统村落保护与发展策略。

三、美丽乡村建设背景下传统村落保护与发展的具体策略

2018 年中共中央、国务院印发的《乡村振兴战略规划（2018—2022年）》对传统村落等特色保护类村庄做出了未来发展战略规划，为我们今后的传统村落保护与发展工作提供了政策指导。"历史文化名村、传统村落、少数民族特色村寨、特色景观旅游名村等自然历史文化特色资源丰富的村庄是彰显和传承中华优秀传统文化的重要载体。统筹保护、利用与发展的关系，努力保持村庄的完整性、真实性和延续性。"

（一）强化基层政府管理者和传统村落村民的保护意识

当前，传统村落保护工作亟待加强，很多地方政府部门对传统村落的保护价值认识不够，保护意识不强，阻碍了传统村落保护工作的顺利进行。在基层政府官员中，很多人都缺乏传统村落保护意识，片面地认为村落古建筑只有旅游开发的价值，而对古建筑蕴含的历史文化价值几乎一无所知，导致传统村落在旅游开发过程中遭受建设性破坏。我们必须要让各级领导和干部对传统村落的保护标准和建设标准形成统一认识，尤其是对

传统村落有建设项目的相关单位的认识一定要到位，统一规划，避免各自为政的现象发生。"传统村落保护工作能否顺利推进关键在人们对传统村落的价值的认识以及自觉保护的意识。"

传统村落保护工作能否搞好与村落居民的保护意识强弱息息相关。经过调查发现，传统村落村民中的老年人群体大多比较缺乏传统村落保护意识，甚至由于文化教育水平普遍较低，他们对于传统村落保护基本上持一种事不关己的漠然态度，而村里的年轻人绝大多数都已外出打工谋生，难以参与到村落保护工作中。因此，在传统村落保护意识普遍缺乏的情况下，村民们未能意识到村中古建筑具有非常重要的文化价值和历史价值，随意拆掉自己世代居住的祖屋，代之以混凝土楼房。他们非但没有成为传统村落的保护者，反而成了破坏者。

传统村落的真正保护主体就是居住在传统村落中的村民。"村民是传统村落及其文化的拥有者，是保护传统村落的主体，所以要保护传统村落必须增强村民的保护意识。"村民的传统村落文化保护意识需要通过政府初期投入、改善村民生活而得到激发，进而使他们自然而然地主动保护自己的文化，而保存完好的原生态又会继续改善传统村落的生存状况，这样才能促进传统村落保护与发展良性循环。要想提高村民的传统村落文化保护意识，我们就要在村民中加强文化普及工作，使村民认识到传统村落的历史和文化价值。各级政府要创造条件，不断提高村民生活水平、改善其居住条件，让他们更有信心留下来，只有将这些原住民留下来，传统村落保护工作才能真正落到实处。

（二）制定和完善传统村落保护的法律法规

要想做好传统村落保护工作，必须以完善的法律法规为依托，做到有法可依，使传统村落保护工作走到法治的轨道上来。2012 年以来，我国住房和城乡建设部等部门启动了传统村落保护工作，而且已经取得显著成果，使传统村落得到了有效保护。近年来，有关传统村落保护的全国性和地方性相关法律法规相继出台。2014 年 5 月，住房和城乡建设部等四部门联合发布了《关于切实加强中国传统村落保护的指导意见》（建村〔2014〕61 号），指出要在几年内实现基本保护传统村落文化遗产、建立基本的传统村落保护管理体制等"基本"目标。目前，在传统村落文化保护与发展领域，我国尚未出台一部专门、完整的法律，今后应当加快传统村落保护立法的进程，并不断完善相关法律，使传统村落保护真正做到有法可依，从而走上法治化、健康发展的轨道。"只有将传统村落的保护工作纳入法治化轨道，才能从根本上使传统村落的保护工作得到保障，并且能不断地延伸下去。[①]"

（三）加大传统村落保护资金投入

国家住房和城乡建设部于 2011 年底启动的中国传统村落保护工作目前正有条不紊地展开。目前，在资金方面，中央财政统筹了 5 个现有专项资金，这些专项经费专门来扶持列入中国传统村落名录的村庄。经过专家审核，2014 年有 327 个传统村落列入第一批中国财政支持范围。事实上，传统村落的古建筑等历史文物的保护和修缮成本很高，300 万元的财政专项资金对于一个传统村落的保护来说可谓杯水车薪。所以，除了中央财政需加大支持力度以外，地方政府也要加强传统村落保护意识，并在地方财政资金上给予大力支持。此外，各地还要群策群力，通过多种社会渠道积极筹集传统村落保护资金。网络众筹资金筹集方式目前尚属于新生事物，影响范围比较有限，今后需要在全国大力推广。

（四）加强传统村落管理人才队伍建设

传统村落保护与发展目前面临的一个突出问题是传统村落专业管理人才匮乏。传统村落保护工作直接关系到中华民族传统文化的传承，需要管理人员具备丰富的专业技术知识和较强的文物保护意识。当前，在城市化进程不断加速、传统村落大量消亡的情况下，加强传统村落保护工作迫在眉睫，亟需培养一支高素质的传统村落保护专业管理人才队伍。各级政府还要充分利用广播、电视、网络、报纸等多种媒体向广大人民群众宣传传统村落保护基本知识，不断增强全体公民参与传统村落保护的自觉性和积极性；高等学校可以有针对性地设置与传统村落保护工作相关的专业，从而为传统村落保护与发展工作源源不断地输送人才。

（五）旅游发展与传统村落保护工作有机结合

当前，针对传统村落的保护与开发有两种不同的观点。一种观点认为旅游开发会对原本就很珍稀的传统村落带来消极的影响，而另一种观点则

---

① 夏周青.中国传统村落的价值及可持续发展探析[J].中共福建省委党校学报,2015(10):62-67.

认为发展旅游业是传统村落发展的唯一途径，不搞旅游业，传统村落的发展就难以为继。实际上，传统村落保护与发展旅游业两者之间并不矛盾，在当前美丽乡村建设的大背景之下，两者是相辅相成、相互促进的关系。传统村落当然可以发展旅游，但前提是坚持以发挥其文化价值为基本出发点，而非片面追求经济利益。乡村旅游不能无原则地迎合当前的旅游市场，我们必须将旅游发展与传统村落保护工作结合起来，传统村落旅游观光业的发展必须有限度。"传统村落作为中华文明基因库的核心价值日益凸显，存续和弘扬优秀文化基因才是传统村落保护发展的根本目标，而恰当的旅游是达成这个目标的重要手段之一。"

（六）加强传统村落特色产业发展

传统村落保护仅仅依靠政府加大资金投入、一味盲目发展旅游业是片面的，难以促进村落全面可持续发展。我们还必须大力发挥传统村落自身的资源禀赋优势，发展村落的特色产业。村落民居、乡土文化、特色农业等都是传统村落的资源优势，都可以作为特色产业得到培植和发展。特色产业发展是传统村落保护的持续动力，依托传统村落优势资源培植特色产业，传统村落才能够获得可持续发展。除了促进乡村旅游业的发展以外，传统村落还需要大力拓宽特色产业发展领域，包括乡土文化教育基地、休闲养生、生态保护等方方面面，这些都可以与企业进行对接。

（七）注重高新技术的运用

农村基层政府是电子政务发展的新领域，从目前来看，农村信息化建设相对滞后，电子政务的发展道路也是困难重重。但是，借助计算机互联网等数字技术手段发展电子政务是美丽乡村未来建设过程中的必然趋势，建立乡村网上电子政务平台有利于农民积极参与到农村建设的各项工作中。与此同时，网络众筹平台也是今后筹集传统村落保护资金的一个重要渠道，这种方式不但能解决传统村落资金短缺的难题，而且也能向社会宣传与推广保护古村落建筑的理念。

传统村落的保护与发展是一项艰巨而系统的长期工程，涉及农村经济、社会、文化等方方面面，需要统筹规划、合理布局。今后，在传统村落保护与发展的具体工作中，各级政府、传统村落村民以及社会广大公众与各级社会团体都必须统一思想和认识，与时俱进、因地制宜，共同为传统村落的保护与发展工作献计献策。与此同时，政府应当调动全社会的人力、物力和财力，全力支持传统村落的保护与发展工作。我们在大力建设美丽乡村的同时，只有坚定不移地推动传统村落沿着可持续发展的道路前进，才能最终保护好中华五千年农耕文明留给中华儿女的宝贵文化遗产。

第五节　农村危房改造

农村危房是指结构损坏严重，或者承重构件已属危险构件，随时有结构失稳的可能性，会对农村居民正常生活生产和生命财产安全产生严重不利影响的住房[1]。党中央、国务院始终把农村危房改造当成改善民生、推动城乡一体化、维护社会安定、建设美丽新农村、促进区域间协调发展的一项重大决策来执行。从 2008 年以来，我国通过农村危房改造工作提升了农村整体住房建设水平，改善了村容村貌，增强了房屋抵御自然灾害的能力，提高了村民生活环境质量，危房改造成效非常显著[2]。

本节对现阶段的农村危房改造影响因素和常见问题进行了详细分析，并提出了相应的对策建议，以期为农村危房改造建设和管理的标准化、规范化提供借鉴。

一、危房改造的基本情况

农村危房改造主要采取中央支持、地方政府补助、农户自筹和社会投资等方式多渠道筹集资金。党的十八大以来，中央持续加大对农村危房改造的支持力度，累计投入 1890.8 亿元补助资金，如图 5-3 所示。同时，中央还不断提高对贫困户危房改造的户均补助标准，从 0.75 万元 / 户增长到深度贫困地区 1.6 万元 / 户，如图 5-4 所示。

农村危房改造工作不仅提高了农民的生活环境质量，还刺激了当地的经济发展，提升了农村地区的就业率。

① 张磊,周雪飞.农村危房改造的影响因素分析及对策建议[J].黑龙江科学,2018,9(6):40-41.
② 王敬.分析农村危房改造的质量管理措施[J].建材与装饰,2019(28):195-196.

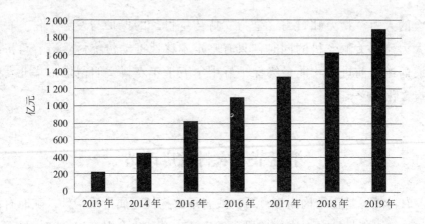

图 5-3　中央对农村危房改造累计补助资金情况

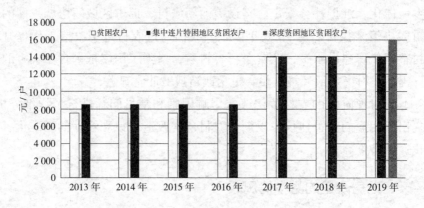

图 5-4　中央对农村危房改造户均补助标准情况

　　截至目前，辽宁省共有 34 万多建档立卡贫困户，如图 5-5 所示。2020 年，中央财政农村危房改造补助资金 35769 万元，主要用于保障居住在 C 级和 D 级危房的贫困人口的住房安全，促使各地区通过进行危房改造或其他有效措施（见表 6-1）保障贫困人口不住危房。

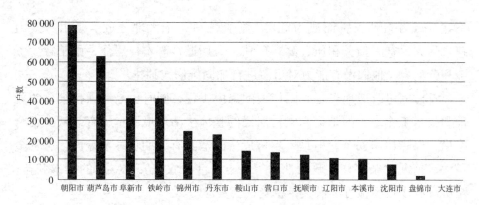

图5-5　辽宁省农村建档立卡贫困户户数情况

表5-1　建档立卡贫困户住房安全保障方式

住房安全 保障方式	原住房鉴定安全 （评定）	A级住房	
		B级住房	
	改造后住房安全	农村危房改造	
		易地扶贫搬迁	
		生态移民	
		水库移民	
		避险搬迁	
		其他	
	保障后住房安全	公益性住房	集体公租房
			幸福大院
			敬（养）老院
			其他
		其他方式	投亲靠友
			租住、借住
			其他安全住房

二、农村危房改造的特点

农村房屋多为自建类型，在建设过程中由于缺少质量检测，建筑标准不达标或者自然灾害而成为危房。除此之外，绝大部分危房是由身残力缺、受灾返贫、债务积压、鳏寡孤独、大病返贫等农户居住，由于缺少资金和劳动力，他们没有能力对房屋进行加固维修或翻建[①]。

农村危房改造项目是我国伟大的惠民工程，同时也是一项精细化的管理和技术工作，目的是提高农村居民的整体生活环境质量，有效减少安全隐患，保障住房安全。但是，农村危房改造具有周期长、覆盖面广、资金量大、情况复杂多样、政策性强等特点，涉及农民安身立命的根本利益，基本没有成熟经验可以借鉴，备受社会关注。

三、农村危房改造关键步骤

（一）危房鉴定

农村住房安全性鉴定应由具有专业知识或经培训合格并有一定工作经验的技术人员进行。农村住房的安全性鉴定依据《农村危险房屋鉴定技术导则（试行）》《民用建筑可靠性鉴定标准》（GB 50292—2015）、《建筑抗震鉴定标准》（GB 50023—2009）等标准，按照房屋主要构件的危险程度和影响范围评定其危险程度等级，结合防灾措施鉴定对房屋的基本安全情况做出评估，鉴定流程如图 5-6 所示。

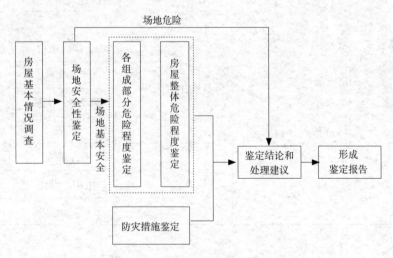

图 5-6　农村住房安全性鉴定流程

---

① 赵佳敏．农村危房改造问题探讨 [J]．广东蚕业，2018,52(5):142．

危房鉴定主要将房屋各组成部分的危险程度分为 A、B、C、D 四个等级，房屋整体危险程度分为 A、B、C、D 四个等级，如表 5-2 所示。防灾措施分为具备防灾措施、部分具备防灾措施和完全不具备防灾措施三个等级[①]。

表 5-2　农村住房安全性鉴定等级

安全级别	具体情况	备注
A 级	结构能满足安全使用要求，承重构件未发现危险点，房屋结构安全	暂不补助
B 级	结构基本满足安全使用要求，个别承重构件处于危险状态，但不影响主体结构安全	
C 级	部分承重结构不能满足安全使用要求，局部出现险情，构成局部危房	资金补助对象
D 级	承重结构已不能满足安全使用要求，房屋整体出现险情，构成整幢危房	

（二）危房改造

目前，农村危房改造工作主要对象为 C、D 级危房。对于 C 级危房，我们需要因地制宜进行加固维修，同时应采取抗震、节能等措施，还要注意保护原有建筑的历史文化价值，增加其宜居性；D 级危房若已无修缮价值，我们应予以拆除、置换或重建；对于短期内不便拆除又不危及相邻建筑和影响他人安全的危房，我们应要求村民暂时停止使用，不再居住。危房改造必须保证改造后农房正常使用安全与基本使用功能，对于一层农村 C、D 级危房改造应满足 C 级安全使用年限不少于 15 年，D 级安全使用年限不少于 30 年的基本要求[②]。

（三）竣工验收

改造工程竣工后，我们要通过现场检查、问询相关对象、查阅记录与

---

① 祝令云.农村危房改造工作存在的问题及改进对策 [J].农村经济与科技,2018(1):265-266.

② 莫朝毅，汪德佳.贵州黔南农村危房改造政策实施情况的调查研究 [J].科技风,2018(18):206-207.

证明材料、核查材料来源与购买渠道等方法，对改造房屋进行竣工验收。验收内容主要包括危房改造技术方案的落实情况和施工质量，重点检查涉及房屋安全的主要技术措施[①]。

四、危房改造对策研究

农村危房改造是一项长期持续性的民生工作，具有动态、复杂、紧迫等特性。为了实现农村贫困人口不住危房的总目标，根据危房改造影响因素分析结果，对于共性问题，我们需要系统性整改，而对于个性问题，我们需要举一反三，避免其重复出现。

（一）完善科学规划

危房改造工作需要投入大量的人力、物力和财力，为了提高资金效益、节约土地空间、优化农村规划，尽早让农户住上安全房屋，政府需要做出总体科学规划。农村危房改造要坚持因地制宜，实事求是，改造和新建相结合，对宅、厕、水、路、电等进行统一规划，既要保持当地传统建筑风格，保护农村历史文化遗产，又要方便农户的生活和出行，与周边环境和谐统一；规划还要有一定的前瞻性，要符合节约资源、节能、环保等要求；在安全、经济可行的前提下，适当推动新技术、新材料、新工艺在农村危房改造中的应用和推广[②]。

农村危房改造的目的不仅在于改善农村的居住环境，还在于保障农村群众的生命财产安全。危房改造的目标是农村贫困人口不住危房，而不是凡危必改，因此在尊重农户意愿的基础上，政府要结合农户的家庭结构、人口数量、年龄、生活自理能力、经济水平等因素，因地制宜，以人为本，遵循防灾与实用、分散与集中的原则，采取改造安全、保障安全等多种保障方式让困难农户住上安全房屋。

（二）优化资金管理

农村危房改造工作是一项复杂的系统性组织工作，需要政府发挥主导协调作用，有效整合社会各种资源[③]。

政府要根据本地特点，将美丽乡村建设、棚户区改造、异地搬迁、保障房建设等惠农政策、扶贫政策与农村危房改造政策进行有机整合、统筹

---

① 刘龙.农村危房改造问题研究[J].住宅与房地产,2019(18):234.

② 李爱良.浅谈农村危房改造工作存在的问题与对策[J].科技创新与应用,2017(9):264.

③ 林毓娴.农村危房改造存在的问题及对策建议[J].建材与装饰,2017(7):75-76.

安排，为重点解决农村危改难点提供政策依据。

政府要精细化、规范化农村危房等级鉴定和其他工作费用标准，重点弥补危房等级鉴定、竣工验收、宣传等工作经费缺口，加大资金的监管和扶持力度，精准服务农村困难群众安居保障工程的有序实施[①]。

各地还应结合国家相关法律法规、行业标准等，因地制宜制定科学的危房鉴定和验收费用标准，实施标准化、规范化管理，建立与当地经济发展水平相适应的、科学合理的费用标准体系。

政府需严格执行《中央财政农村危房改造补助资金管理办法》（财社〔2016〕216号），及时将补助资金足额支付到农户"一卡通"账户，防止挤占挪用、截留滞留、套取骗取、重复申领等问题的发生，加强对补助资金使用管理情况的检查力度，健全资金监管机制。

（三）规范档案管理

建档立卡贫困户必须实行"一户一档"的档案管理制度，批准一户，建档一户。县级相关主管部门负责制作并保存改造户档案，档案包括农户基本情况档案表、房屋鉴定报告、农户申请、户口本与身份证复印件、公示资料、危改设计图纸、规划和建设许可材料、一卡通复印件、竣工验收表等，并安排专职人员管理危房改造对象所有档案[②]。

要加强全国农村危房改造脱贫攻坚三年行动农户档案信息检索系统和脱贫攻坚住房安全有保障核验系统的录入、核验、动态修正等信息化管理，将纸质档案及时、完整、正确地全部录入相应的系统，为危房改造现代信息化管理工作提供基础性的保障[③]。

（四）加强质量监督

农村危房改造是保障农村居民居住安全、促进城乡统筹发展的重要举措，危房改造质量是衡量农村危房改造政策的关键因素。为了提高危改工程质量，需要从多方面进行保障。

1.加强培训，提高施工人员的技术能力

我们应采取现场培训、专家指导等方式，对县乡（镇）村干部、帮扶

① 钱秋妹.农村危房改造存在的问题及对策[J].审计与理财,2016(12):47-48.
② 曹邑平,曹羽涵,侯磊.积极开展财政支出政策绩效评价的有益探索：某市2015年农村危房改造补助资金政策绩效评价案例分析[J].山西财税,2019(2):48-51.
③ 冯朝平.关于云县农村危房改造和易地扶贫搬迁实施研究[J].农村经济与科技,2017,28(3):220-222.

工作队、农村工人等进行政策解读和业务技能培训。充分利用好监理、设计等单位的技术力量，使其参与整个危房改造过程。提高直接业务人员的技术能力和服务能力，明确管理要求和标准。加强危房改造设计指导，完善入户技术指导和检查验收机制，实施质量安全全过程闭环管理。

2. 保障建材质量

政府可集中采购建筑材料，最大程度保证建材质量，加强物资质量规范化管理，保障资金和物料的需求，有效控制改造成本。

3. 提高监管质量

政府需进一步完善危房改造质量安全管理制度，加强施工现场巡查和指导监督，及时发现问题并督促整改，将检查工作纳入日常化管理内容。建立质量监督长效机制，如公开透明机制、社会监督机制、审核机制、奖惩机制等，完善政策监管内容，确保改造房屋基本安全。

（五）建立动态监测机制

农村危房改造是一项长期性的民生工程，具有较强的动态变化性，改造一批后还会出现新一批，这就需要我们建立长效保障机制，及时解决农村危房问题。[①]

那些贫困边缘户、已使用中央危房改造补助资金实施过住房改造以及原来房屋鉴定为 A、B 级的贫困户，很可能受自然灾害等因素的影响又重新出现危情，这就需要政府加强日常检查，实时动态监测和评估，完善住房安全保障措施。因此，各地应建立贫困户住房安全动态监测机制，将年底"回头看"排查之后动态增加的贫困户危房及时纳入下一年度农村危房改造计划并抓紧实施，通过多种方式保障贫困户不住危房。

（六）危房鉴定全覆盖

县级相关主管部门要逐户进行房屋危险等级鉴定，开展建档立卡贫困户房屋危险等级鉴定"回头看"，不仅要对 C 级、D 级危险房屋进行安全等级鉴定和改造，还要对认定安全类型的房屋进行危险等级鉴定，确保贫困户住房鉴定全覆盖。这样不但有利于全面监测、掌控农村危房变化情况，而且能让险情消失在最初、最小的状态，让危房以最小的代价得到及时的整治，切实贯彻和实现农村困难人口不住危房的要求。

---

① 薛诗瀚. 对农村危房改造建设的思考及建议 [J]. 农技服务,2017,34(17):121.

（七）确保危房不住人

面对"建新不拆旧"问题，各地政府要按照住房和城乡建设部、国家发展和改革委员会、财政部印发的《关于做好 2015 年农村危房改造工作的通知》（建村〔2015〕40 号）中"拟改造农村危房属整体危险（D 级）的，原则上应拆除重建"的要求，根据《中华人民共和国土地管理法》第五章第六十二条"农村村民一户只能拥有一处宅基地"的规定，结合当地的民族习俗、气候特点等实际情况，采取多种有效措施，确保贫困人口不住危房，危房不住人。

（八）完善抗震改造设施

对于有能力、有意愿按照抗震设防标准新建住房的农户，政府可帮助其进行农房抗震设施改造。我们建议各地因地制宜补充完善农房抗震鉴定和改造的技术标准及管理办法，加强农房抗震技术力量培训，积极探索符合当地实际的农房抗震改造方式，引导农户因地制宜选择拆除重建、加固改造等抗震改造方式。农房抗震改造要严格质量安全管理和竣工验收。

（九）有序复工复产

根据不同地区新冠肺炎疫情实际防控情况，危房改造工作要分区分级有序推进。各地一方面要充分利用 5G、人工智能等现代化信息技术对农村危房改造进行全程监督，加强在线技术指导和管理，在节省人力、物力和时间成本的前提下，提高工作效率，充分发挥科技引领的效力。另一方面要通过各级住房和城乡建设系统，加强与县乡镇负责部门和村两委、驻村"第一书记"、驻村工作队的联系，掌握建档立卡贫困户住房安全情况。在重点抓好疫情防控的同时做好人工、建筑材料等有关准备工作，保证补助资金及时到位，对有条件的地区逐步实施改造。

（十）加强政策宣传

政府作为农村危房改造工程的主体，要发挥自身的引导作用，提高所有工作人员的政治觉悟和站位，把农村危房改造工作当成政治任务来抓；加大对农村危房改造政策的宣传力度，利用多种渠道宣传各地区各部门统筹推进疫情防控和脱贫攻坚农村危房改造工作的新举措、好办法，营造良好农村危房改造舆论氛围；各级管理部门还要及时总结农村危房改造工作的建设成效、经验做法、现存问题和工作建议，让农户更为全面地了解农村危房改造政策，充分发挥群众的积极参与和典型示范作用。

　　围绕对象鉴定不准、危房改造质量不达标、群众强烈反感、资金管理不规范等突出问题，政府要持续深入开展作风专项治理工作，加大警示教育宣传力度，定期通报有关问题及处理结果，同时其也要做好舆情监控，主动正面发声，及时回应社会关切。

　　农村危房改造工作是一项改善和保障民生的德政工程，又是一个极其复杂的系统性工作，在取得精准扶贫巨大成功的同时，我们也面临具体的、复杂的难题，而这是我们在长期的危房改造过程中必定要经历的。只要在党中央的领导下，充分发挥新时代社会主义国家治理能力的优越性，充分发挥基层党组织在危房改造中的领导和组织作用，建立健全农村危房改造长效机制，努力克服疫情影响，创新工作方式，统筹推进疫情防控和脱贫攻坚。

第六章　关于乡村振兴战略规划与实施的几点思考

第一节　发挥国家规划的战略导向作用

习近平总书记在党的十九大报告中明确要求，"创新和完善宏观调控，发挥国家发展规划的战略导向作用"。各部门各地区编制乡村振兴战略规划，应该注意发挥《国家乡村振兴战略规划（2018—2022年）》（以下简称《国家乡村振兴规划》）的战略导向作用。习近平新时代中国特色社会主义思想，特别是以习近平同志为核心的党中央关于实施乡村振兴战略的思想是我们编制乡村振兴战略的指导思想和行动指南，也是我们今后实施乡村振兴战略的"指路明灯"。《国家乡村振兴规划》应该是各部门、各地区编制乡村振兴规划的重要依据和具体指南，它不仅为我们描绘了实施乡村振兴战略的宏伟蓝图，还为未来五年实施乡村振兴战略细化、实化了工作重点和政策措施，部署了一系列重大工程、重大计划和重大行动。各部门、各地区编制的乡村振兴战略规划要注意结合本部门本地区实际，更好地贯彻《国家乡村振兴规划》的战略意图和政策精神，也要努力做好同国家乡村振兴规划的工作重点、重大工程、重大计划、重大行动的衔接协调工作。这不仅有利于推进《国家乡村振兴规划》更好地落地，还有利于各部门各地区推进乡村振兴的行动更好地对接国家发展的战略导向、战略意图，并争取国家重大工程、重大计划、重大行动的支持。

在《国家乡村振兴规划》正式发布前，已有个别地区出台了本地区的乡村振兴规划，由此体现的探索精神和创新价值是值得肯定的，但在对接国家乡村振兴规划方面，不能说不存在明显的缺憾。当然，如果待《国家乡村振兴规划》正式发布后，再开始相继启动省级，特别是（地）市、县级乡村振兴规划的编制，有可能影响规划发布和发挥指导作用的及时性，因为毕竟一个好的规划是需要一定时间"打磨"的。实施乡村振兴战略涉及领域广，而现有的理论和政策研究相对不足，还增加了提高规划编制质量的难度。

为协调处理发挥国家规划战略导向作用与增强地方规划发挥指导作用及时性的矛盾，我们建议各地尽早启动乡村振兴规划编制调研工作，并在保证质量的前提下，尽早完成规划初稿。国家规划发布后，我们要做好地方规划初稿和国家规划的对接工作。进行县级规划时，还要待省、地市规划发布后，做好对接工作。按照这种方式编制的地方规划不仅可以保证国家规划能够结合本地实际更好地落地，还可以为因地制宜推进乡村振兴的地方实践及时发挥指导作用。当然，在此过程中，为提高地方乡村振兴规划的编制质量，我们要始终注意认真学习党的十九大精神和以习近平同志为核心的党中央关于实施乡村振兴战略、关于建设现代化经济体系的系列论述和决策部署，并结合本地实际进行创造性转化和探索。

发挥国家规划的战略导向作用，还要拓宽视野，同相关重大规划衔接起来，尤其要注意以战略性、基础性、约束性规划为基础依据。正如2018年中央一号文件指出的，要"加强各类规划的统筹管理和系统衔接，形成城乡融合、区域一体、多规合一的规划体系"。例如，国家和省级层面的新型城镇化规划应是编制地方乡村振兴战略规划的重要参考。党的十九大报告要求"以城市群为主体构建大中小城市和小城镇协调发展的城镇格局，加快农业转移人口市民化"。2018年1月30日，习近平在主持中央政治局第三次集体学习时强调，"要建设彰显优势、协调联动的城乡区域发展体系，实现区域良性互动、城乡融合发展、陆海统筹整体优化，培育和发挥区域比较优势，加强区域优势互补，塑造区域协调发展新格局"。在乡村振兴规划的编制和实施过程中，我们要结合增进同新型城镇化规划的协调性，更好地引领和推进乡村振兴与新型城镇化"双轮驱动"，更好地建设彰显优势、协调联动的城乡区域发展体系，为建设现代化经济体系提供强大支撑。

特别需要注意的是，在编制乡村振兴战略规划时，各部门各地区必须高度重视以国家和省级主体功能区规划作为基本依据。2010年，国务院印发的《全国主体功能区规划》成为我国国土空间开发的战略性、基础性和约束性规划，将我国国土空间按照开发方式分为优化开发区域、重点开发区域、限制开发区域和禁止开发区域四类主体功能区，按照开发内容分为城市化地区、农产品主产区和重点生态功能区等主体功能。2017年8月，习近平主持召开中央全面深化改革领导小组第三十八次会议，审议通过了《关于完善主体功能区战略和制度的若干意见》（中发〔2017〕27号）。会议提出建设主体功能区是我国经济发展和生态环境保护的大战略；完善主体功能区战略和制度，要发挥主体功能作为国土空间开发保护基础制度的作用，推动主体功能战略格局在市县层面精准落地，健全不同主体功能区差异化协同发展长效机制，加快体制机制改革和法治建设，为优化国土空间开发保护格局、创新国家空间发展模式夯实基础。各部门编制的乡村振兴战略规划要以主体功能区规划和相关战略、制度为基本依据，遵守其划定的"三区三线"（城镇、农业、生态空间，生态保护红线、永久基本农田、城镇开发边界），统筹城乡国土空间开发格局，将强化空间用途管制和优化城乡布局结构、乡村功能布局结构结合起来，统筹城乡生产空间、生活空间、生态空间，优化乡村生产空间、生活空间、生态空间布局及其内在关联，促进生产空间集约高效、生活空间宜居适度、生态空间山清水秀。

第二节　提升战略思维

2018 年中央一号文件提出，"实施乡村振兴战略是决胜全面建成小康社会、全面建设社会主义现代化国家的重大历史任务"，根据此要求，我国制定了《国家乡村振兴战略规划（2018—2022 年）》，与一般规划有所不同的是，此规划名称包括了"战略"二字。虽然这是一个五年规划，但对到 2035 年基本实现社会主义现代化、到 21 世纪中叶建成富强民主文明和谐美丽的社会主义现代化强国时中国实现乡村振兴战略的远景也会进行战略谋划。2017 年中央农村工作会议要求，"实施乡村振兴战略是一项长期的历史性任务，要科学规划、注重质量、从容建设，不追求速度，更不能刮风搞运动"，2018 年中央一号文件进一步要求实施乡村振兴战略要"既尽力而为，又量力而行，不搞层层加码，不搞一刀切，不搞形式主义，久久为功，扎实推进"。可见，在编制乡村振兴规划的过程中，我们要特别注意体现其战略性，做好突出战略思维的大文章。当然，有观点认为"举凡规划谋划的必然是战略问题"，本书无意否认这一点，只是强调乡村振兴战略规划以"战略规划"冠名，应该更加重视战略思维。

重视战略思维，首先要注意规划的编制和实施过程更多的不是"按既定方针办"，而是要追求创新、突破和超越，要科学把握"扬弃以来、吸收外来、面向未来"的关系，增强规划的前瞻性。一些人在制定战略或规划时，受限于惯性思维，从现在看未来，甚至从过去看现在，首先考虑当前的制约和短期的局限，"这不能干""那很难办"成为"口头禅"，或者习惯于按照过去的趋势推测未来，这不是战略，充其量只能称作战术、推算或可行性分析。战略或规划制定者如果按照这种思维方式考虑、规划问题，很容易限制想象力，束缚思维，形成对未来发展的悲观情绪和消极心理，进而导致规划实施者或规划的利益相关者对未来缩手缩脚、畏首畏尾，难以办成大事，也容易导致大量的发展机会从身边不知不觉地溜走或流失。

制定战略需要大思维、大格局、大架构，战略制定者需要辩证思维、远景眼光。当然，此处的"大"绝非虚空，而是看得见、摸得着，经过不懈努力最终能够实现的。真正的战略不是从过去看未来，而是逆向思维，从未来的终局看当前的布局，从未来推导现在，根据未来的战略方向决定当前应该如何行动。好的规划应该富有这种战略思维。规划是指基于对未来整体性、长期性、基本性问题的思考和考量，设计未来整套行动的方案。它与计划的不同之处在于其具有长远性、全局性、战略性、方向性、概括性和鼓动性，能够激发人们为实现战略或规划目标努力奋斗的激情和热情。好的战略或规划往往基于未来目标和当前、未来资源支撑能力的差距，看挖潜改造的方向，看如何摆脱资源、要素的制约，通过切实有效的战略思路、战略行动和实施步骤，不断缩小当前可能和未来目标的差距。借此，我们可以拓展思维空间，激活发展动能，挖掘发展潜力。战略分析专家王成在他的《战略罗盘》一书中提出，"惯性地参照过去就是人们给自己设置的最大障碍。事实上，战略就是要摆脱现有资源的局限，远大的战略抱负一定是与现有的资源和能力不对称的"，"战略就是要唤起水手们对辽阔大海的渴望"，"战略意图能为企业带来情感和理性上的双重能量"[①]。以这些战略思维编制乡村振兴战略规划，实施乡村振兴战略才更有价值。

王成提出，好的战略意图要给人带来方向感、探索感和共同的命运感。方向感很容易理解，但从以往的实践来看，有些地方规划的战略思维不够，难以体现战略性要求，让人不知所往。我们要通过提升规划的战略

---

① 王成．战略罗盘（全新修订版）[M]．北京：中信出版社，2018:59.

思维，描绘出未来规划发展的蓝图和目标，告诉人们规划的未来是什么，我们想要努力实现的规划图景如何，为了实现这种规划图景，今天和明天我们应该怎么做。鉴于规划的未来和当前的现实之间可能存在巨大的资源、要素和能力缺口，我们应该让规划的实施者想方设法去努力实现这些规划的未来目标，形成探索感。如果把规划的未来目标比作吃到树上可口的苹果，那么这个苹果不是伸手可及的，而是经过艰苦、卓越的努力才能吃到的。那么，怎么努力？是站在板凳上去摘，还是跳着去摘，抑或用竹竿打下来？我们要通过博采众智、集思广益，创新规划实施手段去实现这个目标。探索感就是要唤起参与者、组织者的创新创业精神和发展潜能，发现问题，迎难而上，创造性解决问题，甚至在探索解决问题的过程中增强创造性地解决问题的能力。共同的命运感就是要争取让参与者和组织者成为命运共同体，形成共情效应，努力产生"风雨同舟，上下齐心"的共鸣。例如，在编制和实施乡村振兴战略规划的过程中，我们要注意在不同利益相关者之间构建有效的利益联结机制，激励大家合力推进乡村振兴，让广大农民和其他参与者在共商共建过程中有更多获得感，实现共享共赢发展。

重视规划的战略思维要在规划的编制和实施过程中统筹处理"尽力而为"与"量力而行"、增强信心与保持耐心的关系，协调处理规划制定、实施紧迫性与循序渐进的关系。2017年中央农村工作会议要求"科学规划、注重质量、从容建设，不追求速度，更不能刮风搞运动"；2018年中央一号文件要求实施乡村振兴战略要"做好顶层设计，注重规划先行""久久为功，扎实推进"，说的都是这个道理。任正非提出"在大机会时代，千万不要机会主义，要有战略耐性"[①]，在编制和实施乡村振兴战略规划的过程中也是如此。

重视规划的战略思维还要注意增强乡村振兴规划的开放性和包容性，同时增强规划的开放性，要注意提升由外及内的规划视角，综合考虑外部环境变化、区域城乡之间竞争—合作关系演变、新的科技革命和产业革命，甚至交通路网、信息网发展和转型升级对本地区本部门实施乡村振兴战略的影响，规避因规划的战略定位简单雷同、战略手段模仿复制，导致

---

① 王成.战略罗盘（全新修订版）[M].北京：中信出版社，2018:108.

乡村振兴区域优势和竞争特色的弱化，使乡村振兴的低质量发展。增强规划的包容性不仅要注意对不同利益相关者的包容，注意调动一切积极因素参与乡村振兴，还要注意区域之间、城乡之间发展的包容，积极引导部门之间、区域之间、城乡之间加强乡村振兴的合作。例如，在推进产业兴旺的过程中，我们要引导区域之间联合打造区域品牌，合作打造公共服务平台、培育产业联盟等。实际上，增强乡村振兴规划的开放性和包容性也有利于推动乡村产业振兴、人才振兴、文化振兴、生态振兴和组织振兴"一起上"，更好地坚持乡村全面振兴，增进乡村振兴的协同性、关联性和整体性，统筹提升乡村的多种功能和价值。我们要注意在开放、包容中培育乡村振兴的区域特色和竞争优势。

第三节　丰富网络经济视角

　　当今世界，随着经济全球化、社会信息化的深入推进，网络经济的影响日益深化和普遍化。根据梅特卡夫法则，网络的价值量与网络节点数的平方成正比。换句话说，如果网络中的节点数以算术级速度增长，网络的价值就会以指数级速度增长。与此相关的是，新网络用户的加入往往能使所有用户的价值都得到迅速提升；网络用户的增多会导致网络价值的总量迅速膨胀，并进一步带来更多的新用户，产生正向反馈循环。网络会鼓励成功者取得更大的成功。这就是网络经济学中的"回报递增"原理[1]。如果说传统社会更关注对有形空间的占有和使用效率，那么网络社会则更关注价值节点的分布和链接，在这里，"关系甚至比技术质量更重要"[2]，要注意把最合适的东西送到最合适的人手中，促进社会资源的精准匹配。

　　随着交通路网特别是高铁网、航空网和信息网络基础设施的发展，在实施乡村振兴战略的过程中，如何利用网络效应、培育网络效应的问题日趋凸显。任何网络都有节点和链接线两类要素，网络功能是两者有机结合、综合作用的结果。在实施乡村振兴战略的过程中，粮食生产功能区、重要农产品生产保护区、特色农产品优势区、农村产业融合示范园、中心

---

① 凯利. 失控 [M]. 北京：新星出版社，2011:72.

② 凯利. 失控 [M]. 北京：新星出版社，2011:117.

村、中心镇等载体和平台都可以看成是推进乡村振兴的网络节点，交通路网基础设施链接线、信息网络基础设施链接线都可以看成是推进乡村振兴的链接线；可以把各类新型经营主体、各类社会组织视为推进乡村振兴的网络节点，把面向新型经营主体或各类社会组织的服务体系看成链接线；把产业兴旺、生态宜居、乡风文明、治理有效、生活富裕五大维度，或乡村产业振兴、人才振兴、文化振兴、生态振兴、组织振兴五大振兴当作推进乡村振兴的网络节点，把推进乡村振兴的体制机制、政策环境或运行生态建设作为链接线，这也是一种分析视角。在实施乡村振兴战略的过程中，部分关键性节点或链接线建设对于推进乡村振兴的高质量发展可能具有画龙点睛的作用。在编制乡村振兴战略规划的过程中，我们需要高度重视这一点。

如果推进乡村振兴的不同节点之间呈现互补关系，那么在未形成网络效应前，推进乡村振兴的重大节点项目建设或工程、行动中的部分项目、工程、行动的单项直接效益可能不一定很高；待到网络轮廓初显后，这些项目或工程、行动之间就很可能形成日趋紧密。不断增强的资源、要素、市场或环境联系，达到互为生态、相互烘托、互促共升的效果，产生日益重大的经济社会生态文化价值，促进乡村功能价值迅速提升。甚至在此背景下，对少数关键性节点或链接线建设的投资或支持的重点也应从追求项目价值最大化转向追求网络价值最大化。当然，如果推进乡村振兴的不同节点或链接线之间呈现互斥关系，则部分关键性节点或链接线建设的影响可能正好相反，所以我们要防止其导致乡村价值迅速贬值。

在乡村振兴规划的编制和实施过程中，培育网络经济视角，对于完善乡村振兴的规划布局，更好地发挥新型城镇化或城市群对乡村振兴的引领、辐射、带动作用具有重要意义。2017 年，中央经济工作会议提出，要"提高城市群质量，推进大中小城市网络化建设，增强对农业转移人口的吸引力和承载力"。我们要注意通过在城市群内部培育不同类型城市之间错位发展、分工协作、优势互补、网络发展新格局，带动城市群质量的提高，更好地发挥城市群在解决工农城乡发展失衡、"三农"发展不充分问题过程中的辐射带动作用。同时，我们也要注意引导县城和小城镇、中心村、中心镇、特色小镇甚至农村居民点、农村产业园或功能区，增进同所在城市群内部区域中心城市（镇）之间的分工协作和有机联系，培育网络发展新格局，为更好地提升乡村功能价值创造条件。

我们要结合培育网络经济视角，在乡村振兴规划的编制和实施过程中加强对乡村振兴的分类施策。部分乡村能够有效融入所在城市群，或在相互之间能够形成特色鲜明、分工协作、优势互补、网络发展新关联，所以，应该积极引导其分别走上集聚提升型、城郊融合型、卫星村镇型、特色文化或景观保护型等不同发展道路。部分村庄日益丧失生存发展的条件，孤立于所在城市群或区域性的生产生活网络，此类村庄的衰败不仅是大势所趋，还可以在总体上为推进乡村振兴创造更好的条件。如果不顾条件，盲目要求此类乡村实现振兴，将会付出巨大的经济社会或生态文化代价，影响乡村振兴的高质量和可持续发展。

此外，利用网络经济视角编制和实施乡村振兴规划时，还要注意统筹谋划农村经济建设、政治建设、文化建设、社会建设、生态文明建设和党的建设，提升乡村振兴的协同性、关联性，加强对乡村振兴的整体部署，完善乡村振兴的协同推进机制。按照网络经济视角，链接大于拥有代替了之前的"占有大于一切"。因此，在推进乡村振兴的过程中，要注意通过借势发展带动造势发展，创新"不求所有，但求所用"的方式，吸引位居城市的领军企业、领军人才参与和引领乡村振兴，更好地发挥其"四两拨千斤"的作用。这有利于促进乡村振兴过程中的区域合作、部门合作、组织合作和人才合作，用开放、包容的理念推进乡村振兴过程中资源、要素和人才质量的提升。

第四节　把规划作为撬动体制机制改革的杠杆

在实施乡村振兴战略的过程中，推进体制机制改革和政策创新具有关键性的影响。有人说，实施乡村振兴战略的关键是解决"人、地、钱"的问题。先不评论这种观点，但解决"人、地、钱"问题的关键还是体制机制改革问题。因此，2021年中央一号文件特别重视强化乡村振兴的制度性供给。在编制乡村振兴战略规划的过程中，提出推进体制机制改革、强化乡村振兴制度性供给的思路或路径固然十分重要，但采取有效措施，围绕深化体制机制改革提出一些切实可行的方向性、目标性要求，为深化、实化体制机制改革提供有效的体制机制保障，努力把规划的编制和实施转化为撬动体制机制改革深入推进的杠杆，借此"扣动"激发系列、连锁改革的"扳机"，对提升规划质量、推进乡村振兴的高质量发展有更重要的意义，正如"授人以鱼不如授人以渔"。

例如，有些经济发达、被动城市化的原农村地区原来依托交通优势，乡村工商业比较发达，城市化推进很快，但由于长期不重视统筹城乡规划，民居和乡村产业园区布局散乱，乡村产业园改造和城中村治理问题日趋突出。其主要表现是乡村产业园甚至农村民居错乱分布，环境污染和生态破坏加重，消防、安全等隐患日趋严重和突出，成为社会治理的难点和广受关注的焦点；农村能人优势与部分乡村基层党建弱化的矛盾时有发生；乡村产业园区布局分散、转型缓慢，并难以有效融入区域现代化经济体系建设的问题日益突出。在这些地区，新型城镇化与乡村振兴如何协调？"三农"发展的区域分化与乡村振兴如何有效实现分类施策？这些问题亟待处理，但在现有格局下解决问题的难度已经很大。同时，这些地区经济发达，城乡居民收入和生活水平比较高，所以很容易形成"温水煮青蛙"的格局。老百姓的小日子比较好过，难以形成改变现状的冲动和危机意识，很容易产生得过且过的心理。但从长远来看，问题和隐患可能越积越多，等到有朝一日猛然发现，再来解决时可能已经为时已晚或难度更大。比如，有的城郊村之前有大量外来资本租厂房发展工商业，也带动了大量外来务工人员租房居住。然而，随着市场需求变化和需求结构升级，许多传统工商业日益难以为继，亟待转型升级，甚至被迫破产倒闭或转移外迁，导致村民租金收入每况愈下。

在这些地区，不但产业结构要转型升级，而且人口、经济甚至民居、产业园的布局方式也亟待转型升级。之前那种"普遍撒网""村村点火"的布局方式后遗症越来越大。无论是发展先进制造业，还是发展服务业，都要求在空间布局上更加集中集聚，形成集约集群发展态势。在这些地区中，有些乡村目前来看可能还不错，似乎规划部门对新上项目降低要求，前景就很好。但从长远来看，实际情况可能不是这样。降低规划要求，乡村的日子可能暂时好过点，实际只是"苟延残喘"一段时间，今后解决问题的难度更大，因为"沉没成本"更多了。另外，前述的生态问题、乡村治理问题，以及我们党组织怎么发挥作用的问题，越早重视越主动，越晚发现越被动。许多问题如果久拖不决，很可能产生以下三种结果。第一种结果是慢慢把问题拖下去。但是，越不想改变现状，越对改变现状有畏难情绪，时间长了解决问题的难度就越大，也就越难以解决。这种结果对地方经济社会发展的长期负面影响更大，政府很容易因为当前治理的犹豫不决，导致未来发展问题积重难返，甚至盛极而衰。当然，问题很可能要到若干年后才会充分暴露出来。第二种结果是有朝一日，环保、治安、消防、党建等问题引起居民强烈不满或媒体关注，或上级考核发出警告，导致政府不得不将其当作当务之急。第三种结果是发生类似火灾、爆炸伤人等恶性安全事故，政府不得不进行外科大手术式治理，但这样的代价太惨烈。显然，这三种结果都不是理想的结果，都会有很严重的后遗症，尤其后两种结果对地方政府的负面影响很大。在这些地区，乡村产业园改造和城中村治理问题不解决好，这三大攻坚战都难以打好，甚至会加重重大风险、城中村贫困、污染严重化等问题。

解决上述问题难度很大，仅靠一般性的加强政策或投入支持，无异于画饼充饥。这些问题的解决亟待在各级政府高度认识解决问题紧迫性的基础上，通过加强相关综合改革的试点试验和推广工作，探索新的发展道路，具体可以考虑加强对这些地区的支持，鼓励以加强城中村和乡村产业园治理为重点，开展农村综合改革和农村改革试验工作，或鼓励这些地区直接开展"城乡融合发展体制机制改革试验"，率先探索和推进城乡融合发展的体制机制创新。

中央农村工作会议提出，要"走中国特色社会主义乡村振兴道路"，重点围绕各地区乡村振兴亟待解决的重大难点问题，组织相关体制机制创新的改革试验，也就为形成具有区域特色的乡村振兴道路探索了一条新路。在推进乡村振兴的过程中，每个地方都应走有区域特色的乡村振兴道路。中国特色的社会主义乡村振兴道路应该是由各地富有区域特色的乡村振兴道路汇聚而成的。

第五节　加强规划精神和典型经验的宣传推广

为强化乡村振兴规划的引领作用，加强规划编制和实施工作固然十分重要，但加强规划精神、规划思路的宣传推广工作也不可或缺。这不仅有利于乡村振兴的利益相关者更好地理解乡村振兴的战略意图，增强其实施规划的信心和主动性、积极性，还有利于将乡村振兴的规划精神更好地转化为推进乡村振兴的自觉行动，有利于全党、全社会凝心聚力，提高乡村振兴的水平和质量。对乡村振兴规划精神的宣传推广还可以将工作适当前移，加强对党的十九大精神和党中央关于实施乡村振兴战略新思想的学习，在规划编制过程中通过不同观点的碰撞、交流和讨论，更好地贯彻中央推进乡村振兴的战略意图和政策精神，提升乡村振兴规划的编制质量与水平。结合规划编制和实施过程中的调研，加强对典型经验、典型模式、典型案例的分析总结，将加强顶层设计与鼓励基层发挥首创精神结合起来，发挥先行榜样的示范引领作用，带动乡村振兴规划编制和实施水平的提高。近年来，许多发达地区在推进社会主义新农村和美丽乡村建设方面走在全国前列，积累了一系列可供借鉴推广的乡村振兴经验。同时，有些欠发达地区也结合自身实际，在部分领域发挥了乡村振兴探路先锋的作用。要注意不同类型典型经验、典型模式、典型案例的比较研究和融合提升，借此提升其示范推广价值，有些地区在推进乡村振兴方面虽然取得了一些经验，但获得的教训更加深刻。加强对这些教训的分析研究甚至案例剖析，对于提升乡村振兴规划编制、实施的水平与质量有更重要的意义。在宣传典型经验时，如果只看好的，不看有问题的，可能会错失大量的提升机会，因此不可大意。

参考文献

[1] 中共中央马克思恩格斯列宁斯大林著作编译局.马克思恩格斯选集 [M].北京：人民出版社，1995.

[2] 中共中央马克思恩格斯列宁斯大林著作编译局.列宁选集 [M].北京：人民出版社，1995.

[3] 中共中央文献研究室.毛泽东文集 [M].北京：人民出版社，1999.

[4] 中共中央文献研究室.建国以来毛泽东文稿 [M].北京：人民出版社，1992.

[5] 人民出版社.彭真文选 [M].北京：人民出版社，1991.

[6] 陈晓莉.政治文明视域中的农民政治参与 [M].北京：中国社会科学出版社，2007.

[7] 程同顺.当代中国农村政治发展研究 [M].天津：天津人民出版社，2000.

[8] 杜润生.杜润生自述：中国农村体制变革重大决策纪实 [M].北京：人民出版社，2005.

[9] 费孝通.乡土中国 [M].北京：北京出版社，2009.

[10] 雷长林,李富义.中国农村发展史：1949—2008[M].杭州：浙江人民出版社，2008.

[11] 何传启.东方复兴：现代化的三条道路 [M].北京：商务印书馆，2003.

[12] 樊纲.发展的道理 [M].北京：生活·读书·新知三联书店，2002.

[13] 秦兴洪.共和国农村的发展道路：中共三代领导集体的选择 [M].广州：广东高等教育出版社，2002.

[14] 尚重生.当代中国社会问题透视 [M].武汉：武汉大学出版社，2010.

[15] 宋玲妹,崔潮.农村人力资源开发利用变化趋势研究 [M].成都：西南财经大学出版社，2007.

[16] 陶佩君.农村发展概论 [M].北京：中国农业出版社，2010.

[17] 滕玉成.基于城乡一体化的农村人力资源发展研究 [M].济南：山东大学出版社，2010.

[18] 徐祥临.三农问题论剑 [M].海口：海南出版社，2002.

[19] 张晓山，朱有志，李周.中国农村发展的历史跨越 [M].哈尔滨：黑龙江人民出版社，2009.

[20] 蔡昉.中国农村改革三十年：制度经济学的分析 [J].中国社会科学，2008（6）：99–110，207.

[21] 邓大才.社会化小农与乡村治理条件的演变：从空间、权威与话语维度考察 [J].社会科学，2011（8）：77–83.

[22] 孔祥智，涂圣伟，史冰清.中国农村改革 30 年：历程、经验和前景展望 [J].教学与研究，2008（9）：19–28.

[23] 李强，陈宇琳，刘精明.中国城镇化"推进模式"研究 [J].中国社会科学，2012（7）：82–100，204–205.

[24] 李俊.我国农村未来良性发展的基本构想 [J].理论月刊，2013（11）：170–172.

[25] 张晓山.习近平"城乡一体化"思想探讨 [J].人民论坛，2015（30）：25–27.

[26] 张英洪.重新认识乡村的价值 [J]中国乡村发现，2015（2）：134–139.

[27] 蔡昉.二元经济作为一个发展阶段的形成过程 [J].经济研究，2015，50（7）：4–15.

[28] 孔祥智.产业兴旺是乡村振兴的基础 [J].农村金融研究，2018（2）：9–13.

[29] 张红宇.加快推动中国特色乡村产业兴旺 [J].中国党政干部论坛，2018（4）：32–35.

[30] 于建嵘.乡村产业振兴要因地制宜 [J].人民论坛，2018（17）：64–65.

[31] 朱启臻.乡村振兴背景下的乡村产业：产业兴旺的一种社会学解释 [J].中国农业大学学报（社会科学版），2018，35（3）：89–95.

[32] 张建刚.新时代乡村振兴战略实施路径：产业振兴 [J].经济研究参考，2018（13）：75–79.

[33] 姜志德.以现代农业产业体系引领乡村振兴战略 [J].民主与科学，2018（2）：11–13.

[34] 赵东明，白雪秋.城乡协调发展的理论基础及启示[J].经济纵横，2015（4）：73-76.

[35] 曾晓丽.美丽乡村视域下农村人居环境建设历程与现状分析[J].未来与发展，2018,42（1）：102-107，112.

[36] 孙慧波，赵霞.农村人居环境系统优化路径研究：基于结构方程模型的实证分析[J].北京航空航天大学学报（社会科学版），2018，31（3）：70-77，97.

[37] 李江南.我国开始整治农村人居环境[J].生态经济，2018，34（4）：10-13.

[38] 于法稳，侯效敏，郝信波.新时代农村人居环境整治的现状与对策[J].郑州大学学报（哲学社会科学版），2018，51（3）：64-68.

[39] 王晓宇，原新，成前.中国农村人居环境问题、收入与农民健康[J].生态经济，2018，34（6）：150-154.

[40] 周宏宇.改革开放以来中国生态保护思想演进历程再思考：以"绿水青山"与"金山银山"的关系为视角[J].理论观察，2018（3）：40-42.

[41] 冯阳雪，徐鲲.农村生态环境治理的政府责任：框架分析与制度回应[J].广西社会科学，2017（5）：125-129.

[42] 郑冕.后农业税时代我国乡村治理困境与振兴路径[J].南都学坛（人文社会科学学报），2018，38（5）：96-101.

[43] 王付敏.十八大以来中国共产党的乡村治理思想[J].党政论坛，2018（8）：38-40.

[44] 王晓毅.完善乡村治理结构，实现乡村振兴战略[J].中国农业大学学报（社会科学版），2018,45（3）：82-88.

[45] 史叶婷.新时代探索乡村治理现代化的新方向[J].改革与开放，2018（15）：52-55.

[46] 吴理财，杨刚，徐琴.新时代乡村治理体系重构：自治、法治、德治的统一[J].云南行政学院学报，2018,20（4）：6-14.

[47] 子志月，王丹.中国乡村治理研究：回顾与前瞻[J].云南行政学院学报，2018,20（4）：34-39.

[48] 马添 . 乡村振兴战略背景下农村基层治理研究 [D]. 长春：东北师范大学，2018.

[49] 郜清攀 . 乡村振兴战略背景下乡镇政府公共服务能力研究 [D]. 长春：东北师范大学，2019.

[50] 王凯 . 乡村振兴战略视域下的乡村民主治理问题研究 [D]. 西安：西安科技大学，2018.